THÈSE
POUR LE DOCTORAT

DE L'ADOPTION

EN DROIT ROMAIN

DU NOM DE FAMILLE

ET

DES TITRES DE NOBLESSE

EN DROIT FRANÇAIS

THÈSE POUR LE DOCTORAT

PAR

Paul TOURNADE

AVOCAT A LA COUR D'APPEL.

L'acte public sur les matières ci-après sera présenté et soutenu le *vendredi 28 juillet 1882*, à 4 h. 1/2.

PRÉSIDENT : M. DESJARDINS,

SUFFRAGANTS : { MM. DUVERGER, GARSONNET, } PROFESSEURS.
{ LEFEBVRE, ESMEIN. } AGRÉGÉS.

Le candidat répondra, en outre, aux questions qui lui seront faites sur les autres matières de l'enseignement.

PARIS

A. COTILLON & Cie, IMPRIMEURS - ÉDITEURS,

Libraires du Conseil d'État, et de la Société de législation comparée,

24, RUE SOUFFLOT, 24.

1882

DE L'ADOPTION

CHAPITRE PREMIER.

FORMES ET CONDITIONS DE L'ADOPTION.

L'adoption, après avoir occupé dans l'histoire du droit une place considérable est passée dans notre droit à un rang très secondaire. La raison de ce changement se trouve dans la conception différente de la famille, constituée à Rome d'une manière un peu factice, tandis qu'elle repose chez nous sur des bases rationnelles. A Rome, et d'une manière générale dans toutes les législations anciennes, la famille apparaît comme un élément politique, elle est constituée civilement, plutôt que naturellement; chez nous au contraire elle est avant tout une réunion de personnes rapprochées par des affections communes. On conçoit donc que l'adoption, moyen de faire entrer un étranger dans la famille civile, soit assez rare et sans grande importance chez nous, parce que nous ne prenons pas au pied de la lettre la fiction que l'adoption imite la nature; pour nous, la nature ne s'imite pas. Dans les idées romaines au contraire, rien de plus simple que l'adoption : qu'on entre dans la famille par l'adoption ou par la filiation, par la volonté de la loi ou par la toute puissance de la nature, la différence est minime, car pourvu que le lien civil existe le lien naturel n'a que peu de valeur. Ajoutons à cela certaines idées religieuses qui ont subsisté pendant fort longtemps à Rome et nous comprenons sans peine que l'adoption y ait tenu une place bien autrement grande que celle qu'elle a dans notre droit.

L'adoption se subdivisait en adoption proprement dite, s'appliquant aux fils de famille, et en adrogation s'appliquant aux pères de famille. Nous étudierons successivement la forme, les conditions et les effets de l'adoption proprement dite, et de même la forme, les conditions et les effets de l'adrogation.

§ Ier.

Formes de l'adoption.

L'adoption proprement dite est un acte par lequel une personne *alieni juris* passe de la puissance paternelle de son *pater familias* sous la puissance de celui qui l'adopte. Cet acte, la loi des douze Tables ne donnait aucun moyen de l'accomplir directement,

mais elle décidait que le père qui mancipait trois
fois son fils perdait définitivement la puissance paternelle. Les jurisconsultes s'emparèrent de ce texte
pour arriver à légitimer l'adoption. Il faut avouer
que le détour n'est pas à l'abri de toute critique; on
comprend bien comment la puissance paternelle va
être perdue, mais on s'explique moins bien comment
elle va être reconstituée au profit de l'adoptant; il
y a là une opération juridique qui dans nos idées
s'explique difficilement. Quoi qu'il en soit, on procé-
dait de la façon suivante : Primus, père de famille,
mancipait son fils Secundus à un tiers qui sera soit
l'adoptant soit une autre personne; Secundus l'affran-
chissait; Primus mancipait une seconde fois; second
affranchissement, faisant comme le premier, retomber
Secundus sous la puissance paternelle de Primus;
une troisième fois Primus mancipait Secundus et cette
fois la puissance paternelle était éteinte. Alors Tertius, au lieu d'affranchir Secundus, ce qui l'aurait
rendu *sui juris*, le remancipait à Primus. Dans
cette situation, Secundus n'étant ni *sui juris* ni
alieni juris (du moins au point de vue de la puissance paternelle), les parties se présentaient devant
le magistrat; l'adoptant (soit Tertius, soit toute autre
personne) revendiquait Secundus comme son fils et
Primus ne contredisant pas le magistrat reconnaissait et sanctionnait sa prétention. Lorsqu'il s'agissait d'une fille ou d'un petit-enfant, une seule man-
cipation suffisait, la loi des XII Tables ne parlant que

du fils. Il existait d'ailleurs une autre forme de l'adoption, à laquelle Gaius fait allusion dans le § 134, mais une lacune existant dans le manuscrit, il n'a pas été possible aux romanistes modernes de retrouver ce que pouvait être cette forme que Gaius déclare d'ailleurs moins pratique. Il existait aussi une adoption testamentaire ; mais il fallait pour la validité de cette adoption que l'adopté vint à l'hérédité de l'adoptant et que de plus l'adoption fut confirmée par le peuple ou par le prince.

Le magistrat compétent pour statuer sur les adoptions était celui qui avait la connaissance des actions de la loi. Lorsque ces actions furent supprimées par la loi Œbutia (fin du VIe s. de Rome), les actes de juridiction gracieuse restèrent néanmoins dans les attributions des magistrats qui avaient eu la connaissance des *legis actiones*, c'est-à-dire à Rome les consuls et préteurs et dans les provinces les proconsuls et les présidents. Très exceptionnellement le pouvoir de constater les adoptions était parfois confié aux magistrats municipaux par mesure spéciale. (Paul, *Sentences*, l. 2, titre 25, § 4).

L'adoption, avons-nous dit, était un acte de juridiction gracieuse ; il en résultait que le magistrat compétent pouvait procéder à l'adoption même en dehors de son tribunal et même les jours fériés.

Ces formes de l'adoption furent modifiées ou plutôt supprimées par Justinien qui décida que désormais l'adoption aurait lieu par une simple déclaration du père naturel en présence de l'adoptant et de l'adopté, déclaration constatée dans les actes publics. L'acte devait constater que l'adopté ne s'opposait pas à l'adoption.

Il était quelquefois nécessaire d'obtenir le consentement d'autres personnes, car un *pater familias* pouvait adopter aussi bien pour donner à l'adopté le rang de petit-fils que pour lui donner le rang de fils. Dans le cas où l'adopté est destiné à être considéré comme le petit-fils de l'adoptant, on peut ou bien le considérer comme le fils né d'un fils prédécédé, — et dans ce cas le consentement des personnes sus-énoncées suffit, — ou bien comme le fils d'un fils existant. Dans ce cas il faut évidemment le consentement de ce fils, par respect pour le principe *ne cui invito suus heres adnascatur*. Le défaut de ce consentement ne rendrait pas l'adoption nulle, mais à la mort de l'adoptant l'adopté deviendrait *sui juris*, en un mot tout se passerait comme s'il avait été adopté comme fils d'un fils prédécédé. (11, D. *de adopt.*). L'adoptant peut, alors même qu'il n'a jamais eu de fils, adopter un enfant comme son petit-fils; ce dernier est alors considéré comme fils d'un fils prédécédé.

L'adoption étant un acte solennel ne pouvait être faite par mandataire; elle était par conséquent impossible à l'absent. De même elle ne supportait ni le terme ni la condition, et cela parce qu'il s'agissait d'imiter la nature et que la paternité n'est pas un fait susceptible de terme ou de condition ; d'ailleurs n'y eut-il pas eu cette raison pour prohiber le terme et la condition que la même solution se fut imposée puisque l'adoption rentrait dans les *actus legitimi* qui ne comportaient pas le terme ni la condition.

§ II.

Conditions de l'adoption.

Nous examinerons successivement les conditions requises chez l'adoptant et chez l'adopté.

L'adoption fait naître chez le père adoptif la puissance paternelle ; or le citoyen romain est seul capable de puissance paternelle, puisquelle est organisée de telle façon que c'est une institution de droit civil. Il résulte de là que pour adopter il faut être *sui juris*.

En effet, la puissance paternelle ne peut être acquise à celui qui se trouve précisément sous la puissance paternelle d'une autre personne. Si un fils de famille avait pu adopter, son enfant adoptif se serait trouvé *ipso facto* sous la puissance du père de l'adoptant : or ce résultat ne pouvait être obtenu sans le consentement de ce père de famille. Il était donc logique de décider qu'en pareil cas l'adoption serait faite par ce père de famille lui-même, qui mettrait l'enfant adoptif au rang de petit-fils *quasi ex filio natus*. Il résulte aussi de là, que dans la rigueur du droit classique tout au moins, les femmes ne pouvaient adopter, puisqu'elles étaient incapables de puissance paternelle. Toutefois ces principes logiques, mais contraires à l'humanité, finirent par fléchir et nous voyons, en l'an 291, Dioclétien autoriser une femme à adopter son beau-fils pour la consoler de la perte de ses enfants, et Justinien nous dit que la femme qui avait perdu ses enfants pouvait avec l'autorisation de l'empereur adopter même des personnes étrangères.

L'empereur Léon décida plus tard que les femmes pourraient adopter d'une manière générale, et que l'autorisation de l'empereur ne serait même plus nécessaire. Il est vrai qu'au point de vue civil cette adoption ne pourra jamais produire la puissance paternelle, car les femmes n'ont jamais été sur ce point relevées de leur incapacité, mais cette puissance paternelle avait elle-même bien changé de caractère et on peut dire qu'à cette époque en réalité l'adoption ne produisait guère d'autres effets que ceux qu'elle produit dans notre droit. Toutefois théoriquement il subsistait cette différence entre l'adoption par un homme et l'adoption par une femme, que celle-ci laissait absolument l'adopté dans sa famille naturelle.

Toujours en vertu du même principe que l'adoption imite la nature, l'adoptant devait avoir la puberté pleine, c'est-à-dire dix-huit ans de plus que l'adopté. Cette nécessité était toutefois controversée;

cependant il est au moins certain, d'après les propres termes de Justinien et en se plaçant à son époque, que l'adopté ne pouvait pas être plus âgé que l'adoptant. A l'époque classique, il ne paraît pas qu'il y ait eu des règles fixes sur l'âge requis pour adopter ; la preuve en est dans le discours souvent cité où Cicéron demande la nullité de l'adoption de Clodius par un plébéien plus jeune que lui de vingt ans. Quant aux femmes, la puberté étant pour elles fixée à quatorze ans, on pense que c'est cet âge qui était requis pour l'adoption.

Des principes qui précèdent, on doit également conclure que lorsqu'un père de famille adoptait un enfant au rang de petit-fils, il devait y avoir entre l'âge de l'adoptant et l'âge de l'adopté une différence égale à deux fois l'âge de la puberté, cela dans le droit de Justinien tout au moins.

Les castrats ne purent adopter jusqu'à l'empereur Léon qui les releva de cette incapacité ; quant aux impuissants (*spadones*) ils furent toujours considérés comme capables d'adopter. Les célibataires et les individus mariés mais sans enfants pouvaient également adopter.

En principe, toute personne *alieni juris* pouvait être adoptée ; peu importait que l'adopté ne fut pas en état de manifester son consentement, puisqu'il était admis que l'absence de dénégation de sa part suffisait pour valider l'adoption. On s'est demandé si un enfant donné en adoption pouvait être adopté

de nouveau; l'affirmative ne fait pas doute, mais il y a
une restriction : l'adopté ne pourra pas être adopté une
seconde fois par son père adoptif, mais il peut bien être
adopté par une autre personne. C'est ce qui résulte de
la loi 37, § 1, D. *de adopt.*, combiné avec la loi 12.

La loi 12 porte en effet que celui qui est sorti de la
puissance paternelle ne peut y rentrer que par l'adoption. Ce texte est général et permettrait l'adoption ité-
rative par le père adoptif émancipateur, si la loi 37
ne venait précisément introduire une exception. Ce
qu'il est nécessaire de bien préciser, et ce qui est
d'ailleurs indiscutable, c'est que la loi 12 pose un
principe général qui devra s'appliquer dans tous les
cas où on ne reconnaîtra pas d'exception formelle, le
seul cas d'exception est celui de la loi 37. Le motif
de ces dispositions se comprend d'ailleurs assez bien :
le jour où le père naturel s'aperçoit que par suite
d'une émancipation non prévue son fils ne va pas
retirer de l'adoption le bénéfice sur lequel il comp-
tait, on comprend que la loi permette à ce père de
rétablir les choses dans leur état normal; au contraire lorsqu'il s'agit d'un père adoptif, il importe,
même avant de considérer l'intérêt possible de l'enfant dans un cas déterminé, de veiller, dans un intérêt
supérieur, à ce que l'adoption ne devienne pas un jeu.

On s'est également demandé si un esclave pouvait
être adopté. La solution qui paraissait la plus accréditée, et qui dans tous les cas a reçu l'approbation
formelle de Justinien, est que l'adoption d'un esclave

ne produisait pas les effets de l'adoption. Mais il ne s'ensuit pas que cette adoption ne produise aucun effet. C'est du moins la seule manière dont on puisse interpréter la décision de Justinien qui rapporte que d'après Caton les esclaves pouvaient être adoptés par leurs maîtres, et ajoute qu'un esclave à qui son maître aura donné dans un acte public le titre de fils sera libre bien qu'il ne puisse pas ainsi acquérir les droits d'un fils. Qu'est-ce à dire, sinon que par une interprétation de volonté bien naturelle, on présume que celui qui a voulu faire de son esclave son fils, bien que ce ne soit pas possible, a voulu à plus forte raison lui donner la liberté? Or à l'époque de Justinien, on peut encore se montrer un peu formaliste sur les conditions de l'adoption, parce qu'elles reposent en somme sur des principes déjà mal compris mais encore respectés, sur l'idée capitale que l'adoption ne peut avoir d'effets, comme toute institution de droit civil, qu'entre personnes jouissant de ce droit civil; la puissance paternelle, comme la tutelle, est avant tout un *jus in capite libero*; on ne la conçoit pas portant sur un esclave par l'excellente raison que l'esclave est soumis à une autre puissance bien autrement rigoureuse qui est la puissance dominicale. Il est donc parfaitement logique, même sous Justinien de décider que l'adoption d'un esclave ne peut pas produire l'effet ordinaire de l'adoption. Mais y a-t-il des raisons analogues pour décider, comme on l'aurait certainement fait dans le vieux droit romain, que cette adoption n'aura même pas pour effet de conférer la liberté à l'esclave? Evidemment non. Rappelons-nous qu'à l'époque où nous nous plaçons, cette haute idée qu'on se faisait autrefois du titre de citoyen romain est déjà bien amoindrie; ce soin jaloux avec lequel on veillait à ce que des affranchissements inconsidérés ne vinssent pas peupler la cité d'une tourbe dangereuse et pervertie a fait place à la plus large indifférence; dès qu'on ne considère plus, en matière d'affranchissements, l'intérêt supérieur de l'État et de la morale publique que signifient les formes de l'affranchissement? Elles sont édictées dans l'intérêt public, non pas dans l'intérêt du maître et de l'esclave; du jour où on laisse de côté l'intérêt public, la volonté d'affranchir, clairement manifestée, suffit amplement pour qu'un affranchissement soit valable : or la volonté d'affranchir résulte de la façon la plus évidente de l'adoption de l'esclave. Il était donc juste de décider, comme le fait Justinien, que l'adoption d'un esclave, nulle comme adoption est pleinement valable comme affranchissement. Nous croyons pouvoir en conclure que pour adopter un esclave, son maître devait l'adopter deux fois. La première adoption conférait à l'esclave la liberté, et dès lors cet esclave placé dans la situation ordinaire de toutes les personnes libres pouvait être donné en adoption suivant le droit commun. Quant à la question de savoir s'il pouvait être adrogé, elle sera traitée plus loin.

CHAPITRE II.

EFFETS DE L'ADOPTION.

Nous arrivons à l'examen des effets produits par l'adoption, effets qui subirent dans le droit romain une transformation continuelle, ou pour mieux dire, qui suivirent un progrès constant. La marche de la civilisation devait en effet forcément amener le renversement des théories logiques et bien équilibrées mais aussi profondément inhumaines qui faisaient le fond de la législation primitive de Rome; et cette évolution qui se faisait dans le droit tout entier, influait d'une façon plus particulière encore sur l'adoption parce que son organisation tenait d'une façon plus intime au droit politique des Romains. Nous aurons donc à examiner les droits de l'adopté à l'époque classique et ensuite à l'époque de Justinien. Nous analyserons ses droits d'abord dans la famille adoptive puis dans la famille naturelle.

§ Ier.

Droits de l'adopté dans sa famille adoptive.

Nous savons qu'en droit romain la véritable parenté consiste dans l'agnation, c'est-à-dire dans le lien qui unit les personnes qui se trouvent sous la puissance d'un même père de famille. Or le fait de se trouver sous la puissance de quelqu'un est un fait qui ne dérive pas nécessairement et uniquement de la filiation. L'adopté, passant sous la puissance du père adoptif devient donc, dans les idées romaines son agnat et l'agnat de tous ceux qui sont sous sa puissance au même titre que s'il était né dans cette situation : l'adoption fait plus qu'imiter la nature, elle la crée; elle établit des liens qui sont identiquement les mêmes que ceux de la nature.

Quant à cette parenté accessoire que les Romains appellent la cognation, et qui constituerait à nos yeux la véritable parenté, l'adoption la produit aussi, mais avec cette différence qu'ici il est vrai de dire que l'adoption ne fait qu'imiter la nature, parce que la cognation est un lien naturel ce que l'adoption ne peut évidemment pas être; elle ne l'imite d'ailleurs qu'imparfaitement, car si l'adopté devient le cognat des agnats de l'adoptant, il ne devient pas le cognat de leurs cognats. Ainsi supposons que Primus, l'adoptant, ait deux petits-fils, l'un issu de son fils Secundus, l'autre de sa fille Secunda. Le premier seul est son agnat, l'autre est son cognat. Si dans cette situation il adopte Terius au rang de petit-fils, Tertius deviendra l'agnat et le cognat du premier tandis qu'il ne sera ni l'agnat ni le cognat du second : il ne sera pas son agnat parce qu'il est sous la puissance de Primus tandisque l'autre est sous la puissance de son père le mari de

Secunda ; et il ne sera pas son cognat parce que l'adoption ne produit la cognation que dans les limites où elle produit l'agnation : « Qui in adoptionem datur, « his quibus agnascitur et cognatus fit ; quibus vero « non agnascitur, nec cognatus fit. »

Les liens de l'agnation s'établissent donc entre l'adopté et les agnats de l'adoptant. Il prend rang parmi les enfants de ce dernier, il devient leur frère ; s'il a été adopté au rang de petit-fils, il est considéré soit comme le fils d'un fils vivant soit comme le fils d'un fils prédécédé, selon qu'il a été adopté *quasi ex filio natus* ou *quasi ex incerto natus;* les autres enfants de l'adoptant deviennent ses oncles.

L'adopté acquiert la patrie de l'adoptant, sans cependant perdre sa patrie d'origine. Il est initié aux rites du culte domestique particulier à sa nouvelle famille; les dieux et les cérémonies de cette famille deviennent les siens. De plus l'adopté prend en entier le *nomen* de l'adoptant, en conservant cependant comme trace de son origine naturelle le *nomen gentilitium* de sa famille primitive modifié par la terminaison *ianus;* c'est ainsi que le fils de Paul Emile adopté par Scipion s'appelle Publius Cornelius Scipio Æmilianus.

L'adoption crée naturellement des empêchements au mariage mais il ne serait pas tout-à-fait juste de rattacher directement ces empêchements à un lieu de parenté : c'est plutôt un effet propre à l'adoption, car nous rencontrons des empêchements dans des cas où il n'y a ni agnation ni cognation. Ainsi si l'adopté mourait après avoir été émancipé, l'adoptant ne pouvait épouser sa veuve : or il n'y avait entre eux ni agnation ni cognation. Si donc on défendait un pareil mariage c'était bien par ces mêmes motifs de décence publique qui le faisaient interdire entre agnats, dans de certaines limites, mais cela ne dérivait pas du principe qu'il était interdit entre agnats.

En ligne directe le mariage était prohibé à l'infini et l'empêchement subsistait même après la dissolution de l'adoption. Ainsi un père adoptif ne pouvait épouser sa fille adoptive après l'avoir émancipée. Mais par dérogation au principe, l'adopté après avoir été émancipé pouvait épouser la veuve ou la mère de l'adoptant. En ligne collatérale, le mariage est interdit entre personnes dont l'une est à un degré de l'auteur commun, par conséquent entre un frère et sa sœur adoptive. On peut épouser sa tante maternelle par adoption, car il n'y a pas de lien d'agnation ; mais il n'en est pas de même de la tante paternelle adoptive car il y a agnation et de plus l'une des deux parties se trouve à un degré de l'auteur commun. Quand ces caractères ne se rencontrent plus, le mariage devient possible ; ainsi un frère peut épouser sa sœur adoptive si elle a été émancipée. C'est même ce qui distingue l'empêchement résultant de l'adoption de l'empêchement résultant de la filiation : en principe l'émancipation fait disparaître le premier (en ligne collatérale) tandis qu'elle ne fait pas disparaître le second. Il en résulte, dit Justinien, que celui qui veut adopter son gendre doit d'abord émanciper sa fille ; autrement son gendre et sa fille se trouveraient frère et sœur et le mariage serait incestueux. Mais on se demande alors, si c'est l'adoption ou le mariage qui devient nul ; il est évident que l'un des deux doit tomber, puisque le mariage est rendu incestueux par l'adoption si elle est valable, mais le choix entre les deux actes dont il faut annuler l'un est des plus délicats. Car d'une part si le mariage est annulé les conséquences sont graves, et d'autre part l'adoption en elle-même n'est entachée d'aucun vice. On fait valoir, en faveur de la nullité de l'adoption, un texte où Justinien dit que celui qui veut adopter son gendre doit d'abord émanciper sa fille ; mais ce texte se comprend dans les deux opinions ; cette émancipation est évidemment nécessaire pour éviter une nullité et Justinien a raison de la prescrire ; mais ce qu'il ne dit pas c'est la sanction qu'il attache à cette prescription. En sens contraire on argumente d'un texte qui semble beaucoup moins vague, c'est la loi 67, § 3, *de rit. nupt.*, qui dit qu'il y a lieu dans une hypothèse donnée d'examiner si le mariage est annulé comme il arrive au cas où on adopte son gendre (*ut dictum est in genero adoptato*). Malgré la rigueur de cette décision il y a donc de fortes raisons de croire que c'est l'adoption qui est valable et le mariage qui est dissous.

Indépendamment de ces effets sur la situation

personnelle faite à l'adopté dans sa nouvelle famille, l'adoption avait encore sur les biens des effets qu'il importe d'étudier. Dans le très ancien droit, il ne pouvait être question des droits de l'adoptant sur les biens de l'adopté : l'adopté étant fils de famille n'avaient pas de biens. Mais du jour où la loi reconnut au fils de famille la propriété des différents pécules, l'adoptant acquit sur eux des droits qui différaient entre eux selon la nature de ces pécules. Ainsi du jour où le fils de famille fut autorisé à posséder en propre le pécule castrense et le pécule quasi-castrense, le père adoptif acquit un droit éventuel à la propriété de ces pécules, au cas où le fils adoptif mourrait le premier. Quand à partir d'Adrien pour le pécule castrense et à partir de Justinien pour le pécule quasi-castrense, le fils de famille eut le droit de tester, ce droit éventuel du père adoptif fut restreint au cas où le fils de famille mourrait intestat. Quant aux biens adventices, le père adoptif en avait l'usufruit comme le père naturel l'aurait eu. Bien entendu, le droit d'appréhender les pécules castrense et quasi-castrense au décès de l'enfant adoptif s'il ne laissait pas de testament n'était pas un droit personnel au père adoptif; ce qui lui était personnel, c'était le droit de les appréhender *jure peculii;* mais s'il était prédécédé, ces biens formaient alors une véritable succession *ab intestat* qui était recueillie *jure hereditario* par les agnats de l'adopté dans sa famille adoptive.

2*

Examinons maintenant quels étaient les droits de l'adopté dans la succession soit *ab intestat* soit testamentaire.

Dans la succession *ab intestat* du père adoptif, le fils adoptif a les mêmes droits que le fils naturel, c'est-dire qu'il est l'héritier sien d'après le droit civil et qu'il a la *bonorum possessio unde liberi* d'après le droit prétorien. Vis-à-vis de ses nouveaux agnats, le fils adoptif aura la *bonorum possessio unde legitimi* et même la *bonorum possessio unde cognati.* Cette dernière, même en présence de la *bonorum possessio unde legitimi* a cette utilité que d'après le droit civil le plus proche agnat étant seul appelé et le préteur ayant maintenu cette règle pour la *bonorum possessio unde legitimi,* l'enfant adoptif aurait pu, s'il n'avait eu la *bonorum possessio unde cognati,* se trouver exclu de la succession d'un agnat par le fait d'un agnat plus proche en degré qui pour une raison quelconque n'aurait pas recueilli l'hérédité.

En ce qui concerne la succession testamentaire, une grave question se pose tout d'abord, c'est celle de savoir quelle sera l'influence de l'adoption sur la validité d'un testament fait par l'adoptant avant l'adoption. Il n'est pas douteux que d'après les principes généraux l'adoption avait pour effet de rompre le testament puisqu'elle amenait l'agnation d'un héritier sien qui n'était ni institué ni exhérédé ; mais dans le cas où précisément cet héritier sien se serait trouvé par avance institué ou exhérédé, faut-il néanmoins soutenir que le principe doit s'appliquer dans toute sa rigueur? On s'appuie, en faveur de l'affirmative sur une phrase formelle de Gaius (Comm. II, § 138) : « Si quis post factum testamentun adoptaverit sibi « filium, omnimodo testamentum ejus rumpitur, « quasi agnatione sui heredis. » Mais cette opinion est contredite par le passage correspondant de Justinien qui reproduit textuellement la phrase de Gaius en supprimant le mot « *omnimodo* ». Il est inadmissible que cette suppression ait été faite au hasard et par le seul désir d'abréger la phrase ; elle a certainement sa raison d'être, et cette raison ne peut être que l'idée d'affirmer une opinion différente, si non entièrement opposée à celle de Gaius. De plus il existe un texte non moins formel que celui de Gaius (Scœvola, L. 18, D. *de inj. rupt.*) qui décide que l'institution faite par avance de l'adopté empêchera la rupture du testament.

Les partisans du premier système répondent à l'argument tiré du texte de Justinien que la suppression du mot *omnimodo* s'explique par ce fait que Justinien n'exige plus que l'adoptant institue l'adopté s'il n'est pas un de ses ascendants : dès lors il n'est plus juste de dire que dans tous les cas le testament sera rompu faute d'institution ou d'exhérédation, cela n'est exact que s'il s'agit d'un ascendant. Cette explication bien qu'elle n'ait pas le mérite d'être simple, est cependant à la rigueur acceptable. Mais quant au texte de Scévola, il est impossible d'y faire une réponse admissible. On dit bien que dans le cas de ce texte il s'agit d'une institution faite en dehors de toute prévision d'adoption et que la même solution ne devrait pas s'appliquer au cas où il serait certain que l'institution a été faite en vue de l'adoption à intervenir. Mais il n'y a en réalité aucune raison de distinguer. Il est donc bien certain qu'à l'époque de Gaius une institution précédant l'adoption n'empêchait pas la rupture du testament, mais il est à peu près aussi certain qu'à l'époque de Justinien il n'en était pas de même.

Faut-il en dire autant de l'exhérédation? On ne l'admet généralement pas, d'abord parce que les textes précités ne parlent que de l'institution et non de l'exhérédation, et ensuite parce qu'il n'a pas, en raison les mêmes motifs : le fait d'instituer un *extraneus* est un fait normal et raisonnable ; on peut décider que cette institution n'a de valeur, au point de vue de la validité du testament que si cet héritier est institué en sa qualité de *suus* et non comme *extraneus*, mais ce n'est là en définitive qu'une subtilité de droit civil dans laquelle la raison n'a rien à voir. Au contraire il est absurde d'exhéréder un *extraneus* ; c'est là un acte qui doit être radicalement nul, *ab initio* ; exhéréder quelqu'un c'est lui retirer un droit qu'il a ; or un *extraneus* n'ayant aucun droit sur ma succession, c'est faire un acte insensé que de déclarer que je lui retire formellement ce droit qu'il n'a pas et ne peut pas avoir.

Concluons donc qu'il est infiniment probable sinon certain que dans le dernier état du droit l'institution du futur enfant adoptif empêchait le testament d'être rompu par l'adoption et que l'exhérédation de ce futur adopté n'avait pas le même effet.

Si maintenant au lieu d'un fils adoptif nous nous occupions d'un petit-fils, la solution serait peu différente. S'il s'agit en effet d'un petit-fils *quasi ex incerto natus*, le décès de l'adoptant le rend *sui juris* et tout ce qui a été dit ci-dessus s'applique sans difficulté ; s'il s'agit d'un petit-fils adopté *quasi ex filio natus*, l'adoption en elle-même ne peut avoir aucun effet sur le testament de l'adoptant, puisqu'à ce moment le petit-fils n'est pas sous la puissance immédiate du grand-père adoptif ; mais ce qui peut se produire c'est que le fils de celui-ci venant à mourir avant lui, le petit-fils passe sous la puissance immédiate du grand-père, devienne son héritier sien et se trouve n'avoir été ni institué ni exhérédé. Dans ce cas le testament sera-t-il rompu ? Papinien nous dit très nettement que non si le grand-père a pris soin d'instituer par avance son petit-fils adoptif (L. 23, § 1, *de lib. et post.*), bien que cette solution soit manifestement contraire aux principes, parce qu'il y a une analogie évidente entre le petit-fils qui se trouve dans ce cas et le quasi-posthume Velléien. Dans cette hypothèse on peut, ce semble, aller plus loin que dans l'hypothèse précédente : lorsqu'il s'agissait d'un fils nous avons dit que l'institution seule paraissait empêcher la rupture du testament ; ici l'institution et l'exhérédation devront avoir cet effet, car elles l'auraient dans le cas d'un quasi-posthume Velléien.

Le testament fait postérieurement à l'adoption doit évidemment être fait comme il le serait s'il existait des enfants naturels du testateur, c'est-à-dire que les enfants adoptifs devront être institués ou exhérédés. L'omission entraînait, dans la rigueur du droit civil, la nullité radicale du testament s'il s'agissait d'un fils, ou simplement un *jus accrescendi* s'il s'agissait d'une fille ou de petits-enfants. Le droit prétorien, pour éviter la rupture du testament donnait seulement dans ce cas à tous les intéressés, fils, filles ou petits-enfants la *bonorum possessio contra tabulas*; Justinien accepta la théorie prétorienne en ce qui concerne l'égalité des fils, filles et petits-enfants, mais il décida que l'omission de l'un quelconque de ces ayant-droit entraînerait toujours la rupture du testament.

Si l'adopté avait été régulièrement exhérédé, il avait tout comme les enfants naturels de l'adoptant le droit d'intenter la *querela inofficiosi testamenti*, mais seulement, suivant la règle générale, dans le cas où il lui était impossible d'arriver à la succession par un autre moyen. Il y avait avant Justinien une situation spéciale qui permettait dans certains cas à l'adopté de recueillir le quart des biens, c'était la situation qui résultait de l'adoption *ex tribus ma-*

ribus. L'adopté choisi entre trois enfants mâles d'un même père, avait même, s'il était émancipé par son père adoptif, le droit de réclamer le quart des biens de l'adoptant, Justinien supprima ce droit.

Il nous reste à examiner une exception apportée au principe que l'enfant adoptif a les mêmes droits que l'enfant naturel dans sa famille adoptive. Cette exception est relative au cas où l'adoptant se trouverait être un affranchi. D'après l'ancien droit civil, la succession de l'affranchi appartient au patron si l'affranchi n'a pas d'enfants ; mais si l'affranchi a des enfants le patron est complètement exclu ; de là la possibilité pour l'affranchi de tenir son patron sous la menace perpétuelle d'une adoption qui, en lui donnant un enfant, détruirait les espérances du patron, car le droit civil s'en tenant rigoureusement à la lettre de la loi ne faisait à ce point de vue aucune différence entre des enfants naturels ou des enfants adoptifs. Le droit prétorien accorda au patron ou à ses descendants mâles une *bonorum possessio dimidiæ partis*, leur permettant d'enlever la moitié de la succession aux enfants adoptifs de l'affranchi. Les lois caducaires, afin de favoriser la procréation, étendirent ce droit à la patronne ingénue si elle a deux enfants, à la patronne affranchie si elle en a trois et à la fille du patron si elle a trois enfants. Justinien (Inst., liv. III, t. VII, § 3) rapporte qu'une de ses constitutions a modifié le droit antérieur sur ce point, mais il est difficile de dire en quel sens. Cependant, on peut conjecturer que l'enfant adoptif ne devait plus, d'après cette constitution, subir aucune réduction. Justinien dit en effet, qu'en ce qui concerne les affranchis pauvres (ayant moins de cent sous d'or) s'ils meurent intestats et sans enfants, le droit de patronage est maintenu tel que l'avait établi la loi des Douze tables ; et en ce qui concerne les affranchis riches, il dit : « Sin autem sine liberis decesserint, « si quidem intestati, ad omnem hereditatem pa- « tronos patronasque vocavimus. » Or, si le mot *liberis* ne comprenait pas les enfants adoptifs, il faudrait en conclure que Justinien a de beaucoup aggravé leur situation, puisqu'il les priverait de toute la succession en faveur du patron. Il est donc plus probable que ce mot comprend tous les enfants, même adoptifs de l'affranchi ; et alors la solution donnée par Justinien est que l'enfant adoptif primera le patron pour le tout.

§ II.

Droits de l'adopté dans sa famille naturelle.

A s'en tenir à la logique pure de l'ancien droit romain, l'adopté ne devrait plus avoir aucun droit dans sa famille naturelle ; mais cette conséquence est tellement contraire à la nature que de bonne heure on y a admis des tempéraments qui ont fini avec le temps par amener la suppression du principe lui-même.

Il est d'abord un effet considérable que produit la présence d'une personne dans une famille, ce sont les divers empêchements au mariage qui peuvent résulter de la parenté ou de l'alliance. Or de ces empêchements, tous ceux qui reposent, non pas sur l'agnation qui se trouve éteinte par l'adoption, mais sur la cognation subsistent entièrement.

Le fils de famille en second lieu ne pouvait *vocare in jus* son père de famille; le motif de cette prohibition tiré du respect dû au père nous est formellement indiqué par le jurisconsulte Paul : « Una est « enim omnibus parentibus servanda reverentia. » Cette prohibition n'était d'ailleurs pas absolue et le magistrat pouvait la lever en connaissance de cause. La prohibition reste la même lorsque le père de famille a donné le fils de famille en adoption : le motif en effet indiqué par Paul n'est pas détruit par l'adoption : il n'en reste pas moins le même et la même solution devait être conservée.

De plus la disparition de l'enfant donné en adoption ne faisait pas perdre le *jus liberorum* au père de famille.

Il nous faut examiner d'une façon plus complète et plus détaillée les droits que l'adopté conservait au point de vue de la fortune dans sa famille naturelle. Nous étudierons successivement les droits de l'adopté sur la succession testamentaire du père naturel et ses droits sur la succession *ab intestat :* nous verrons ensuite les très nombreuses modifications que, sur notre matière, Justinien fit subir au droit ancien.

A. — *Succession testamentaire.*

L'hypothèse que nous supposons est la suivante : le père naturel a fait un testament dans lequel il n'a ni institué, ni exhérédé le fils qu'il a donné en adoption. Quels sont les droits de cet enfant?

Dans le droit civil ancien, l'enfant adoptif change complètement de famille, il devient entièrement étranger à sa famille naturelle; il devient par contre membre de la famille de son père adoptif à l'égal des enfants qui sont nés de justes noces de ce père adoptif. Si donc le père naturel après avoir donné son fils en adoption fait un testament, il pourra sans danger omettre ce fils qui ne lui est plus rattaché par aucun lien. Et d'un autre côté, si le père adoptif fait son testament après l'adoption, il ne peut omettre dans ce testament son fils adoptif, tant qu'il est sous sa puissance. Mais si l'on suppose que ce fils adoptif soit par la suite émancipé par son père adoptif, ce dernier pourra l'omettre sans crainte que son testament soit nul. Ce fils adoptif émancipé n'a donc plus de droit dans la famille adoptive; il a été par l'adoption privé de ceux dont il pouvait jouir dans la famille naturelle, sa situation pouvait donc se trouver très précaire. Le préteur s'inspirant de raisons pratiques essaya de plier la loi aux solutions que l'équité imposait.

Le droit prétorien a du reste dressé un système complet de sucession parallèle à celui qu'avait établi la loi et qui le corrige dans le sens de la stricte justice. En ce qui touche notre matière il n'eut garde d'omettre une modification que rendaient nécessaire à la fois l'intérêt de l'enfant adoptif et les raisons les plus sérieuses d'équité. En conséquence, le préteur ne tint aucun compte de la *capitis deminutio* subie par l'enfant donné en adoption « Capitis demi- « nutio per edictum nulli obstat. » Le préteur appelle donc à la succession qu'il organise non seulement ceux qui sont actuellement héritiers siens, mais encore ceux qui auraient eu cette qualité si une *capitis deminutio* n'était pas intervenue.

De ce que je viens d'énoncer, il semblerait résulter nécessairement que dans tous les cas, les choses se passant comme si l'adopté n'avait pas subi de *capitis deminutio*, il devra recueillir dans la famille naturelle les droits que cette *capitis deminutio* lui a fait perdre et qu'il pourra toujours et dans tous les cas obtenir soit la *bonorum possessio contra tabulas*, soit la *bonorum possessio unde liberi*. Les choses pourtant ne se passeront pas ainsi. Car si dans le droit civil pur la position de l'adopté se trouvait en de nombreux cas trop malheureuse, il aurait pu arriver si l'on avait admis les solutions énoncées plus haut que cette position eut été trop avantageuse : le fils de famille donné en adoption aurait pu en effet, au cas où il ne serait pas sorti de la famille adoptive, cumuler avec les avantages qu'il y recueillerait, ceux qui dans la famille naturelle ne sauraient lui échapper. Le préteur pour éviter une injustice, ne pouvait en sanctionner une autre. Pas plus que le droit civil il ne veut que le fils de famille appartienne en même temps à deux familles, il veut seulement que l'adopté appartienne toujours et dans tous les cas à une famille. Aussi longtemps par conséquent que l'adopté se trouvera dans la puissance de l'adoptant, le préteur estime que les droits de l'adopté dans la famille adoptive sont pour lui une suffisante compensation de ceux qu'il perd dans la famille naturelle.

Une grande distinction est donc à faire en notre matière selon que l'adopté au moment de la mort de son père naturel est ou non dans la famille adoptive.

Au cas où à la mort de son père naturel, l'adopté est encore dans la famille adoptive, le droit prétorien et le droit civil restent d'accord pour enlever à l'adopté tout droit dans la succession du père naturel : celui-ci a pu faire son testament sans instituer ou exhéréder le fils naturel.

Au cas au contraire où, à la mort du père naturel l'adopté a été émancipé, au cas où, par conséquent il n'est plus dans la famille adoptive, le droit civil et le droit prétorien se séparent. Le premier n'accorde aucun droit à l'adopté. Que le père adoptif ait ou non émancipé l'enfant qui lui avait été donné en adoption, celui-ci n'en reste pas moins absolument étranger à sa famille naturelle et le père peut l'omettre sans que son testament soit nul.

Le préteur au contraire au moment de l'émancipation replace l'enfant adoptif dans sa famille naturelle : il veut qu'à défaut de l'une l'autre au moins lui reste. Il ne veut pas le protéger doublement en le rattachant et à la famille naturelle et à la famille adoptive, mais il veut qu'il soit protégé et il préfère ici la *famille naturelle* qui, remarquons-le bien a été à l'origine la famille civile de l'enfant. Par conséquent si le père naturel de l'enfant fait un testament après l'émancipation du fils par le père adoptif, il devra de par le droit prétorien instituer ou exhéréder son enfant naturel, il ne pourra l'omettre.

B. — *Succession « ab intestat »*.

Nous venons d'examiner et d'étudier l'hypothèse où le père naturel a laissé un testameut, je suppose maintenant qu'il meure intestat, quels seront sur sa succession les droits du fils qu'il a donné en adoption ? Les solutions sont les mêmes que dans le cas précédent.

En droit civil la situation de l'adopté se trouvait aussi dangereuse au cas de succession ab intestat qu'au cas de succession testamentaire. Ce point s'imposait comme le précédent à l'attention du préteur. Mais d'un autre côté il ne voulait pas que l'enfant adopté put avoir des droits dans deux familles différentes. Les mêmes éléments existaient donc dans notre hypothèse et dans celle que nous avons examinée précédemment et les mêmes solutions furent admises par le droit prétorien.

Nous devons donc faire la même distinction que nous avons établie plus haut.

Si au moment de la mort du père naturel, l'adopté est encore sous la puissance du père adoptif, cet enfant ne sera pas appelé à la succession du père naturel ; il est en effet appelé à la succession du père adoptif, il ne saurait avoir ainsi un double droit. Une restriction doit cependant être apportée à ce principe général : l'enfant en effet conserve avec sa famille naturelle des liens de cognation, il pourra donc arriver dans le troisième ordre des successeurs prétoriens avec la *bonorum possessio unde cognati.*

Mais si l'enfant a été émancipé par le père adoptif au moment où s'ouvre la succession du père naturel l'enfant peut obtenir dans cette succession la *bonorum possessio unde liberi.* Le préteur restitue cet enfant à sa famille naturelle, comme nous l'avons vu faire au cas de succession testamentaire. Mais il est bien entendu que, pour qu'il en soit ainsi, il faut que l'émancipation précède la mort du père naturel. Il ne saurait dépendre de la volonté du père adoptif, en émancipant l'adopté après coup, lorsque le père naturel est mort, de faire arriver l'enfant à la succession du *de cujus.* Il y aurait eu là une source de fraudes auxquelles le préteur devait éviter de donner naissance.

Les distinctions que nous venons de faire et les solutions que nous avons établies s'appliquent au cas où il s'agit non plus d'adoption, mais d'adrogation, au cas où un enfant émancipé s'est donné en adrogation à un tiers. Cette hypothèse est même celle que prévoient les Institutes (§ 10-1-III). Je citerai intégralement ce passage parce qu'il est un résumé très fidèle des développements que j'ai donnés. « Ceux qui émancipés par leur père se sont donnés en adrogation ne sont pas admis aux biens de leur père naturel en qualité d'enfants, si toutefois à sa mort, ils étaient encore dans leur famille adoptive. Car si de son vivant ils ont été émancipés par le père adoptif, ils sont admis aux biens du père naturel, comme si émancipés par lui, ils n'avaient jamais passés dans une famille adoptive. Quant au père adoptif, ils lui deviennent dès ce moment étrangers. Si c'est après la mort du père naturel qu'ils ont été émancipés par le père adoptif, à l'égard de ce dernier, ils deviennent également étrangers, sans acquérir pour cela aucun droit au rang d'enfants sur les biens du père naturel. Le motif de cette décision c'est qu'il eût été inique de laisser le père adoptif maître de déterminer à qui appartiendraient les biens du père naturel, à ses enfants ou à ses agnats. »

Arrivé à ce point je crois utile de parcourir avec

les textes diverses hypothèses qu'ils nous présentent et où nous voyons d'une manière remarquable l'application des principes du droit prétorien que j'énonçais plus haut. Je confondrai pour cet examen le cas où le père naturel décède intestat et celui où il laisse un testament.

La loi 3, § 7, *de bon. poss. contra tabulas,* nous présente l'espèce que voici. Primus a un fils, Secundus, qui lui-même a des enfants. Primus émancipe. Secundus, il n'en garde pas moins ses petits-fils sous sa puissance paternelle. Puis Primus donne à Secundus un de ceux-ci en adoption. Secundus, l'émancipé, décède : puis Primus vient à mourir. Comment réglera-t-on la situation du petit-fils que Primus a donné en adoption à Secundus et qui est le propre fils de Secundus. La loi que nous avons citée décide que s'il a été omis dans le testament de son aïeul ou s'il n'a pas été exhérédé régulièrement, il pourra exercer la *bonorum possessio contra tabulas.* Remarquons que d'après les règles énoncées plus haut et que le préteur avait admises, l'enfant donné en adoption ne pourrait avoir de droit dans sa famille naturelle, ne pourrait par conséquent exercer une *bonorum possessio contra tabulas* que si au moment de la mort du chef de la famille dont l'adoption l'a fait sortir, une émancipation l'avait exclu également de la famille adoptive et l'avait privé de tout droit dans cette famille. Quel est donc la raison de la décision que nous trouvons au Digeste; le motif donné par Ulpien est laconique : « Quià in ejus est familiâ », parce que l'adopté est resté dans sa famille. Le préteur, nous l'avons vu, s'il restreignait les droits de l'enfant donné en adoption dans sa famille naturelle au cas où celui-ci ne se trouvait plus à la mort du père naturel *in adoptivâ familiâ* avait en vue d'empêcher que l'enfant adoptif ne puisse jouir de droits dans deux familles à la fois, la raison d'Ulpien « parce que l'adopté est resté dans sa famille » est donc excellente et conforme aux principes dont s'inspirait le droit prétorien. Mais comment l'adopté est-il resté dans sa famille, c'est ce qui, me semble-t-il, demande quelque explication et n'apparaît pas au premier abord avec pleine évidence. Le préteur, nous l'avons dit, ne tient pas compte d'une *capitis deminutio*. Cette règle prétorienne s'applique encore avec plus d'étendue et de régularité à l'émancipé qu'à l'adopté. Le préteur n'a pas à craindre en effet ce qu'il redoutait tout-à-l'heure, à savoir que l'émancipé jouit de droits dans deux familles différentes. L'émancipation ne fait subir à l'émancipé aucune diminution de droits, l'émancipé pourra donc exercer absolument les mêmes droits qu'un héritier sien, il s'en suit que l'émancipé reste dans sa famille primitive, et dans notre espèce, le fils qui a reçu le petit-fils en adoption et l'aïeul font partie de la même famille; l'adopté n'a donc pas changé de famille ou plutôt il a bien quitté sa famille naturelle, mais il n'est pas entré dans une famille que le droit prétorien regarde

3*

comme étrangère à celle qu'il vient de quitter. Ainsi est justifiée la raison que donne Ulpien à la décision du préteur, *quià in ejus est familiâ*.

Le § 8 de la même loi présente une hypothèse qui a une grande analogie avec la précédénte et pour laquelle d'ailleurs est donnée une solution analogue. Un fils émancipé a eu un enfant depuis son émancipation. Cet enfant, il le donne en adoption à son père, qui se trouve être le grand-père de l'enfant; à la mort de son père naturel l'enfant donné en adoption à son grand-père pourra, s'il est omis ou s'il a été exhérédé injustement intenter la *bonorum possessio contra tabulas* et dans le cas où son père naturel serait mort intestat, il pourra intenter la *bonorum possessio unde liberi.* Pourquoi ? toujours pour la même raison que nous donnerons plus haut, parce qu'il est resté dans la même famille « quasi non sit « in alia familià ». Le père émancipé en effet n'a pas aux yeux du préteur quitté la famille de l'aïeul.

Autre hypothèse : Un père de famille s'est donné en adoption; son fils ne le suit pas dans la famille adoptive; dans cette situation le père vient à mourir; le fils pourra-t-il intenter la *bonorum possessio contra tabulas*, si bien entendu il a été omis ou exhérédé irrégulièrement par son père ? D'après la rigueur du droit ancien, c'est une réponse négative qu'il faut donner, puisque le père et le fils sont dans deux familles différentes. C'est ce que décide Julien. Mais Marcellus s'inspirant des règles du droit préto-

rien trouve cette décision inique : et il admet l'affirmative. Tel est aussi l'avis d'Africain et d'Ulpien qui
se décident en ce sens par une raison d'humanité.

Nous avons vu que lorsque à la mort de son père
naturel l'adopté était encore dans la famille de l'a-
doptant le préteur ne lui accordait aucun droit dans
la famille naturelle. Dans une hypothèse spéciale cependant le préteur établit une exception favorable à
l'adoplé. Lorsque le testateur, père naturel de l'adopté,
ayant institué celui qui, sans l'adoption, eut été son
héritier sien, a omis un héritier sien, l'adopté pourra
cependant exercer la *bonorum possessio contra tabulas* comme ceux qui sont omis. L'espèce est la suivante : Un père a institué son fils qui se trouve
in adoptivâ familiâ et il a omis ou exhérédé injus-
ment un de ceux que le préteur ordonne d'exhéréder
ou d'instituer (Loi 8, § 11). Dans ce cas, je le répète,
l'adopté peut exercer la *bonorum possessio contra
tabulas* comme l'héritier sien omis ou exhérédé injustement. Ulpien approuve cette décision et il dit
que Labéon professait la même doctrine. La raison
de cette décision est toujours la même que nous in-
diquions dans les hypothèses précédentes. L'enfant
n'est pas absolument étranger « nec enim in totum
« extranei sunt ».

Mais c'est là, je n'ai pas besoin de le faire remarquer, une exception à la règle du préteur, et comme
toute exception elle doit être renfermée dans les limites strictes que les textes lui imposent. Il faudra

donc pour qu'elle s'applique que l'adopté soit institué régulièrement. S'il était institué sous condition et que cette condition vint à défaillir, il ne serait pas admis à la *bonorum possessio.*

Telles sont les conditions spéciales à l'hypothèse que nous venons d'examiner, mais il est une condition à laquelle est soumise toute personne qui veut intenter la *bonorum possessio.* Cette condition est la suivante.

Pour être capable d'intenter les *bonorum possessiones,* il faut ne pas avoir approuvé volontairement le testament. Cela se comprend d'ailleurs, l'approbation du testament étant en quelque sorte une renonciation au droit de l'attaquer. J'ai dit qu'il fallait ne pas avoir *volontairement* approuvé le testament; car il est bien certain que si l'approbation n'est pas libre, elle ne saurait préjudicier en rien aux droits de celui à qui le préteur donne les *bonorum possessiones.* La loi 10, § 2, *de bon. poss. cont. tab.,* nous donne un exemple de ce qui serait une approbation non libre : « Si je suis adopté et si après avoir fait adition par ordre de mon père adoptif, je viens à être émancipé, je pourrai exercer la *bonorum possessio contra tabulas.* »

La *bonorum possessio contra tabulas* fait en général obtenir à l'adopté la part qu'il aurait eue s'il fut resté dans la famille naturelle; l'adoption et la *capitis deminutio* qu'elle entraîne se trouvent, nous avons déjà eu l'occasion d'insister sur ce point, absolument supprimées. Il est un cas cependant où la *bonorum possessio* ne fait pas obtenir à l'adopté tout ce à quoi il eût eu droit sans l'adoption. Ce cas est le suivant : L'adopté a été donné en adoption alors qu'il avait déjà des enfants ; ces enfants sont restés dans sa famille naturelle. Lorsque le père meurt l'adopté n'est plus *in adoptivâ familiâ*, il aura donc le droit d'après le droit prétorien de venir à la succession de son père.

CHAPITRE III.

DROIT DE JUSTINIEN.

Malgré les réformes du préteur, il pouvait encore se produire des situations fâcheuses. Ainsi supposons qu'au moment de la mort du père naturel, l'adopté est encore *in adoptivâ familiâ* : le préteur ne lui donne pas de droit dans la succession de son père naturel, qu'une émancipation le fasse maintenant sortir de la famille adoptive, et il arrivera, qu'après avoir eu des droits éventuels ou plutôt des espérances dans deux familles, le malheureux adopté se trouve frustré dans l'une et dans l'autre. Le droit prétorien, il est aisé de le voir, ne permettait d'apporter aucun tempérament à cette solution rigoureuse : il n'avait pas cru possible de faire ouvrir à nouveau la succession du père naturel, après l'émancipation de l'adopté pour faire procéder à un nouveau partage. Cela aurait eu les conséquences économiques les plus funestes, cela aurait même provoqué des trafics et des manœuvres qu'il est toujours de l'intérêt du législateur de prévenir pour n'avoir pas à les réprimer. Cette situation fâcheuse de l'adopté c'est à Justinien que revient le mérite de l'avoir supprimée.

Dans une constitution de 530 (10, C. *de adopt.*)

l'empereur, rappelant les défauts de la législation antérieure, décida que désormais l'adopté ne changerait plus de famille à moins que l'adoptant ne fut un ascendant. Dans le premier cas on voit de suite que l'inconvénient signalé plus haut était évité. Dans le second il ne pouvait pas se produire puisque les principes exposés plus haut du droit prétorien assurent à l'adopté des droits de succession suffisants. Les interprètes ont appelé *minus plena* l'adoption faite par un *extraneus* et *plena* l'adoption faite par un ascendant, nous examinerons successivement l'une et l'autre.

§ Ier.

Adoption faite par un ascendant.

Je n'ai pas besoin de rappeler les cas où l'adoption se conçoit de la part d'un ascendant. Il est bien évident d'abord que l'ascendant maternel peut avoir intérêt à adopter son petit-fils, puisqu'il ne l'a pas sous sa puissance. Nous avons dit, d'un autre côté, qu'il peut se rencontrer des cas où un ascendant paternel se trouvera avoir un descendant hors de sa puissance. Ce sera lorsqu'un père a émancipé son fils et que postérieurement à l'adoption ce fils a eu des enfants : ce sera aussi lorsqu'un fils a été émancipé par son père, alors qu'il avait des enfants. Dans le premier cas, le grand-père, dans le second le fils a grand intérêt à adopter le petit-fils pour le faire entrer dans sa famille et sous sa puissance : l'adoption est le seul moyen d'arriver à ce but.

Dans toutes ces hypothèses qui ne se comprennent qu'avec les idées romaines de la famille, l'adoption produira les effets qu'elle produisait autrefois ; l'adopté change de famille, devient le fils de l'adoptant, son héritier, les agnats de l'un deviennent les agnats de l'autre et l'adopté perd en même temps dans sa famille naturelle tous les droits autres que ceux que lui donnait la cognation. C'est l'ancienne adoption dans toute sa force et avec toutes ses conséquences.

La raison apparente, celle du moins que donne Justinien de cette plénitude des effets de l'adoption conservée à celle qui a été faite par un ascendant est que l'affection naturelle d'un aïeul pour son descendant ne permet pas qu'on soupçonne l'adoption d'être un jeu ; en d'autres termes l'ascendant étant déjà uni à l'adopté par le lien du sang, on n'a pas à craindre qu'il l'émancipe sans raison pour le priver de sa succession. Le véritable motif est que le descendant est suffisamment protégé. Nous avons vu, en effet, que dans le cas où l'adoption était faite par un ascendant paternel, le préteur avait garanti les droits de l'adopté.

Si le père naturel mourait avant le père adoptif, l'adopté succédait *jure prætorio* nonobstant l'adoption ; et si le contraire se produisait, alors même que l'adoption eut été dissoute, l'adopté venait encore *jure prætorio* à la succéssion de l'adoptant au rang qu'il aurait eu sans l'adoption.

Si l'adoptant était un ascendant maternel, les effets de l'adoption n'étaient pas aussi avantageux; car si le père naturel venait à mourir avant le père adoptif et pendant l'adoption, le droit prétorien n'appelait pas l'enfant à sa succession; il ne conservait plus alors que le droit éventuel à la succession de l'adoptant; et si à son tour l'adoptant mourait après l'avoir émancipé, il n'a plus que la chance peu probable, de succéder comme cognat : car il sera vraisemblablement primé par un agnat. Il est vrai que l'on répond à cette constatation en disant que les droits de l'adopté seront sauvegardés par l'intérêt même que doit lui porter son ascendant qui ne l'émancipera pas à la légère; et en tous cas il pourra réparer sa légèreté ou son injustice en instituant l'émancipé et en lui laissant par testament une part de sa fortune.

Au surplus, nous devons ajouter que cette situation ne dura pas longtemps encore. Par la Nov. 118, promulguée en 543, Justinien admit sans distinction les descendants par les femmes et les descendants par les mâles à succéder à leurs ascendants.

§ II.

Adoption faite par un « extraneus ».

En ce qui concerne l'adoption faite par un *extra-*

neus, Justinien décida qu'elle n'aurait plus pour effet de faire changer l'adopté de famille, qu'il resterait dans sa famille naturelle, et qu'il y conserverait tous les droits d'un hérier sien. Quant à la succession de l'adoptant, le fils adoptif pourra y arriver *ab intestat*, comme l'héritier sien. Mais ce droit peut être détruit soit par une exhérédation, soit par une omission, soit par une émancipation : l'enfant ne souffrira pourtant pas de ce fait, car il est protégé dans sa famille naturelle. Lorsque l'adopté arrivera à l'hérédité du père adoptif, il ne pourra faire adititon qu'avec le consentement du père naturel.

Justinien ajoute : « Ayant conservé dans toute leur intégrité les rapports ordinaires entre le fils adoptif et son père naturel, il résulte évidemment que les acquisitions de tout genre attribuées au fils de famille par nos lois doivent être acquises pour ce qui concerne leur usufruit non au père adoptif, mais au père naturel. Nous voulons que le père naturel les conserve comme une espèce de souvenir et la source d'une nouvelle affection que le passage de son fils dans une famille étrangère n'a pas dû diminuer. »

Dans le cas où l'adoptant étant un *extraneus*, l'adopté n'est pas sous la puissance immédiate de celui qui donne en adoption, Justinien crut devoir adopter une autre solution. Ainsi, un petit-fils dont le père est *in familiâ* est donné en adoption par son *avus*. Justinien fait une distinction : Si le père meurt avant l'*avus*, le petit-fils n'aura pas été sous la puissance de l'*extraneus*. Si au contraire, l'*avus* meurt avant le père, le petit-fils aura changé de famille. Et le motif de cette disposition bizarre est celui-ci : Si le grand père meurt le premier, il est inutile que le petit-fils reste *in familiâ*, puisqu'il ne viendrait pas à sa succession, la présence de son père les privant de tous droits. Si au contraire c'est le père qui décède, l'adopté pourra succéder à son grand-père, et pour qu'il ne perde pas l'éventualité de ce droit, la loi décide qu'il ne changera pas de famille.

Cela paraît au premier abord très ingénieux. Mais Justinien semble avoir oublié une hypothèse importante où toutes ses prévisions se trouvent déjouées et sa sagesse en défaut. Si l'*avus* meurt avant le père, l'enfant adopté changera de famille, il ne lui eut servi de rien de rester dans la famille de l'*avus* puisque, son père existant, il ne peut venir à la succession de l'aïeul; il entre dans la famille de l'adoptant, il y acquiert des droits; s'il n'est pas émancipé il conserve ses droits. S'il est émancipé, il succède à son père naturel de la façon que nous avons dite, tous ses droits sont donc sauvegardés. Cela est vrai, en général, mais pas dans l'hypothèse spéciale qui est le motif même de la grande réforme de Justinien sur l'adoption. Si en effet, l'enfant est émancipé après la mort de son père naturel, il ne pourra venir à sa succession et il aura cependant perdu tous droits dans la famille adoptive. C'est la situation même à laquelle le droit prétorien n'avait pas remédié et que la législation de Justinien laisse aussi fâcheuse pour l'adopté.

Cela est, non seulement regrettable au point de vue de l'équité, mais encore au point de vue de la logique. L'adoption en effet n'admet ni terme ni condition. Or, ici nous n'aurons pas précisément une adoption conditionnelle, mais nous aurons une adoption dans laquelle les effets principaux resteront en suspens. De quelle famille en effet sera l'adopté, tant que l'on ne saura pas lequel de son père ou de son grand-père mourra le premier? Entrera-t-il dans la famille de l'adoptant? Restera-t-il dans sa famille naturelle; la puissance paternelle reste en suspens, elle est frappée d'une condition. Et à un autre point de vue, l'adoptant peut mourir avant le père naturel et avant l'*avus* ; quels seront les droits de l'adopté? Doit-il être institué par l'adoptant et s'il ne l'a pas été, a-t-il le droit d'attaquer le testament ? Et cette même question se posera pour la succession de tous les membres des deux familles, l'adopté étant ou n'étant pas leur agnat suivant qu'il appartient à l'une ou à l'autre des deux familles.

Il est vrai que nous voyons dans le § 4, *de adopt.*, aux Institutes le mot *maneant*, d'où l'on pourrait induire que Justinien a voulu que l'adopté passât en principe sous la puissance de l'adoptant, sauf à revenir sous la puissance de l'*avus* au cas de prédécès du père. Mais ce serait, il me semble, donner à ce mot un sens excessif; et d'ailleurs tous les inconvénients que nous avons signalés seraient loin d'être supprimés.

Enfin parmi les décisions prises par Justinien il faut mentionner la solution d'une question autrefois controversée. On doutait si les enfants donnés en adoption par leur père naturel pouvaient attaquer le testament comme inofficieux. Papinien soutenait qu'il n'en pouvait être ainsi; d'autres, jurisconsultes pensaient qu'on devait lui accorder l'action d'inofficiosité dans le cas où le père naturel l'aurait donné en adoption à un homme pauvre. Justinien se prononce pour l'opinion de Papinien dans le cas où il maintient les effets de l'adoption. La constitution de Justinien ne s'applique pas à l'enfant émancipé qui se donne en adrogation cela résulte du § 10-1-111, Inst., qui relate l'ancien droit pour l'adrogation. De plus la constitution ne parle que des enfants donnés en adoption.

La réforme de Justinien contenait, nous l'avons vu, bien des imperfections, elle n'en constituait pas moins un progrès incontestable sur le droit antérieur. Mais elle sacrifiait complètement l'ancienne idée romaine de la famille. Sacrifice aisé d'ailleurs. Cette institution de la famille romaine, liée à un régime politique, qui avait une utilité et une importance si considérable dans l'ancienne société de la Républi-

que, ne se comprenait plus à l'époque de Justinien :
l'empereur lui-même ne saisissait plus le but que
s'était proposé, en l'instituant, le législateur ancien.
Il s'étonne que l'on tienne si peu compte des liens
de la nature. Il fera bien d'ailleurs de donner à ceux-
ci une large place dans sa législation. Car une institution aussi contraire que celle de la famille romaine à la nature même des choses, ne pouvait se
justifier qu'alors que l'état social en exigeait l'éta-
blissement. Sous les empereurs, cet état social s'est
transformé ; la puissante organisation politique de
la famille n'a plus sa raison d'être : et c'est pourquoi
nous voyons l'adoption perdre ses caractères primitifs ;
elle n'a plus ni le même but, ni la même utilité, ni la
même importance ; peu à peu elle disparaîtra sinon de
la loi, mais je pourrais dire des usages après avoir
eu le sort glorieux que nous lui avons vu dans les
premiers siècles de Rome.

TITRE II.

DE L'ADROGATION.

CHAPITRE PREMIER.

FORMES ET CONDITIONS DE L'ADROGATION.

L'adrogation est un acte qui fait tomber un citoyen romain *sui juris* sous la puissance paternelle d'un autre citoyen romain et établit artificiellement entre eux les mêmes relations qu'eût engendrées la procréation naturelle *ex justis nuptiis*. Les formes de l'adrogation varièrent suivant les époques.

§ Ier.

Formes de l'adrogation.

A l'origine les pontifes et le peuple jouaient un rôle dans l'acte : deux conditions étaient formellement requises : 1° une approbation du projet d'adrogation par le collége de pontifes; 2° une loi curiate. Lorsque Gaius nous parle des conditions de l'adrogation, il ne mentionne pas l'intervention des prêtres et cette omission pourrait impliquer qu'une *lex curiata* était seule requise; mais cette solution ne serait conforme ni à la nature de l'adrogation ni à sa solennité. Du reste Aulu-Gelle, contemporain de Gaius, nous parle de la présence et de l'autorisation des pontifes : « *arbitris etiam pontificibus* », et Cicéron est encore une autorité à l'appui de cette théorie.

Ce concours du pouvoir civil et religieux s'explique aisément.

C'est d'abord qu'à Rome une union intime existait entre le pouvoir civil et le pouvoir religieux et que cette union était pour ainsi dire le caractère du droit à son origine : « Dans ce grand nombre de sages institutions que les dieux inspirèrent à nos ancêtres, disait Cicéron aux pontifes, il n'en n'en est point de plus belle que cet usage qui veut que vous soyez à la fois les premiers ministres de la religion et de l'État. »

De plus l'adrogation intéressait à la fois l'État et la religion. Elle intéressait l'État, car une famille disparaissait, et une autre retrouvait une descendance mâle si utile dans la législation romaine. Peut-être une renommée glorieuse allait-elle s'éteindre, peut-être d'antiques traditions allaient-elles périr, par l'adrogation l'homme perpétuait sa personnalité politique. Voilà pourquoi l'État était intéressé à assister à l'adrogation, à l'autoriser ou à la défendre, selon que l'acte lui paraissait ou non devoir lui profiter. — La religion était également intéressée : chaque famille avait à Rome ses dieux et ses sacrifices spéciaux, son culte privé, ses cérémonies, ses prières, ses fêtes, ses *sacra privata*.

« Le père, seul interprète et seul pontife de la religion de la famille, a dit M. Fustel de Coulanges (*la Cité antique*), avait seul le pouvoir de l'enseigner et ne pouvait l'enseigner qu'à son fils. Les rites, les termes de la prière et les chants qui faisaient partie de cette religion domestique étaient un patrimoine, une propriété sacrée que la famille ne partageait avec personne, qu'il était même interdit de livrer aux étrangers. »

La suppression des *sacra* d'une famille, la disparition d'un culte privé, tel est l'intérêt religieux de l'adrogation et nous allons voir que les pontifes étaient avec le peuple les véritables auteurs de l'adrogation; c'était là une grande différence avec l'adoption.

Quel était leur rôle? voilà ce que nous allons examiner. — « On a coutume, dit Cicéron, de demander la cause de l'adoption afin que l'adoption n'ait lieu que pour celui qui, suivant les lois et le droit pontifical, cherche à se procurer ce qu'il ne peut plus obtenir de la nature, et qu'elle soit telle qu'il ne perde rien de la noblesse de sa race, ni de sa religion de famille : c'est surtout pour qu'il n'intervienne ni surprise, ni fraude, ni fourberie; en sorte que cette filiation fictive produite par l'adoption soit autant qu'il est possible une imitation de la filiation naturelle. »

Lorsque l'enquête avait été favorable, trois questions étaient adressées aux parties probablement par

le président des Comices. On demandait à l'adrogeant s'il voulait avoir l'adrogé pour *justus filius :*
à l'adrogé s'il consentait à ce que l'adrogeant acquit
sur lui le droit de vie et de mort, et au peuple s'il
voulait consacrer les volontés exprimées.

Les formules de ces interrogations nous ont été
conservées dans quelques auteurs. Cicéron nous indique celle qui était posée à l'adrogé : « Auctorne es
« ut in te P. Fonteius vitæ necisque potestatem ha-
« beat, ut in filio. » — Gaïus au paragraphe 98 du
commentaire I, nous donne celle qui était posée à
l'adrogeant : « Interrogatur an velit eum quem adop-
« taturus sit, justum sibi filium esse. » — Enfin
Aulu-Gelle nous expose ainsi la question posée au
peuple : « Velitis jubeatis Quirites, uti Lucius Vale-
« rius Lucio Titio tam jure legeque filius sibi siet
« quam si ex eo patre matreque familias ejus natus
« esset ; utique ei vitæ necisque in eo potestas siet,
« uti patri in filio est? Hæc ita ut dixi, ita vos,
« Quirites rogo. »

La décision définitive appartenait au peuple, il
était la juridiction devant laquelle était portée la requête, faite par la partie et autorisée par les pontifes.

Mais de bonne heure les curies cessèrent de se
réunir, les distinctions de races et de familles sur
lesquelles elles reposaient allant s'affaiblissant de
jour en jour et bientôt les curies furent remplacées
par trente licteurs placés sous la présidence d'un
magistrat. Ce n'était plus qu'une image et un simu-

lacre des anciens comices. — Gaius et Ulpien parlent du consentement donné par le peuple, mais il est hors de doute qu'au temps de ces deux jurisconsultes cette modification avait déjà eu lieu et que les trente licteurs seuls représentaient le peuple romain.

Mais comme les comices ne se réunissaient qu'à Rome il en résultait que l'adrogation ne pouvait se faire qu'à Rome. C'est bien ce que nous dit Ulpien : « Adrogatio Romæ duntaxat fit. »

Lorsque les trentes licteurs figurèrent au lieu du peuple, il est bien évident qu'ils ne furent plus que d'inutiles figurants et que l'autorité des pontifes fut désormais souveraine et seule réelle en cette matière.

Plus tard sous Justinien, les formes se sont beaucoup simplifiées et l'adrogation se fait par un rescrit du prince, « principali rescripto, imperatoris « auctoritate. »

Cette transformation ne s'est pas opérée brusquement, mais il serait difficile de dire comment elle s'est opérée. L'enquête à laquelle se livraient les pontifes fut faite alors par les magistrats et le rescrit portant adrogation dut être insinué dans leurs actes. Ainsi une constitution de l'empereur Dioclétien en 286 dispose que l'adrogation faite en vertu de la bienveillance de l'empereur, *indulgentia principali*, pourvu qu'elle ait été transcrite dans les actes des magistrats a la même valeur que l'adrogation faite *jure antiquo* par le peuple romain.

Plus tard le choix laissé entre les deux modes d'adrogation fut restreint par une constitution du même Dioclétien qui décida que désormais elle ne pourrait résulter que d'un rescrit impérial. « Arroga- « tiones nec in regia urbe, nec in provinciis nisi ex « rescripto principali fieri possunt. »

Maintenant que l'adrogation n'était plus autorisée par le peuple lui-même réuni dans ses comices, il en résulta que celle-ci put avoir lieu dans les provinces.

Du moment où un rescrit impérial suffit à la perfection de l'acte, la présence des pontifes ne fut plus nécessaire, car le prince était chef des pontifes. Quant à la *cognitio causæ* qui était encore obligatoire dans le nouveau droit, elle fut accordée au magistrat auquel l'empereur adressait le rescrit. Telles ont été les modifications successives des formalités de l'adrogation.

Elle n'admettait ni terme ni condition. C'était là une ressemblance avec l'adoption : deux motifs justifiaient cette solution : aussi longtemps que l'autorisation du peuple effective fut nécessaire et qu'une *lex curiata* intervint, il était impossible de comprendre que cette loi n'eut pas une existence immédiate, certaine et incompatible avec un terme quelconque ou une circonstance dépendant du hasard. Lorsque les formalités furent simplifiées et qu'un rescrit du prince fut seul exigé, cette même doctrine subsiste par cette raison que « nos mœurs ne comportent pas que nous ayons un fils pour un temps »

c'est-à-dire que la paternité ne saurait être tempo-
raire ou conditionnelle. Tel est le motif que Paul
nous indique et que Labéon fit valoir à l'appui de
cette solution.

L'adrogation exigeait la présence formelle de
l'adrogeant et de l'adrogé : dans les comices cette
nécessité se justifiait par cette considération que des
demandes étant directement adressées aux parties il
fallait bien qu'elles pussent y répondre. Du jour où
elle put se faire par rescrit, on pourrait penser que la
présence des parties ne fut plus exigée : cependant
Justinien a formellement maintenu en matière
d'adoption le droit antérieur, même lorsque l'adoptant ne fit plus que déclarer sa volonté devant le
magistrat et on pourrait en tirer un argument *a pari*
en faveur de l'adrogation, de plus un texte de Justinien au Digeste, la loi *de adoptionibus*, exige la
présence de l'adrogé. Il est donc bien probable que
même dans le dernier état du droit la présence des
parties était exigée, mais ce n'est là qu'une simple
probabilité.

L'adrogation exigeait pour sa perfection le consentement de l'adrogeant et de l'adrogé. Le consentement des enfants de l'adrogé qui entrent avec lui
dans la famille de l'adrogeant n'est nullement nécessaire, ils entrent malgré eux dans la nouvelle famille.
Lorsque l'adrogé entre dans la famille adoptive
comme petit-fils de l'adrogeant, il faut distinguer s'il
y entre sans un père désigné ou comme enfant d'un

fils de l'adrogeant. Dans le premier cas le consentement de l'aïeul adoptif est seul exigé ; dans le second
cas il faut aussi que le fils consente à l'adrogation,
en vertu du principe « nemini invito suus heres
« agnascatur. » Il ne suffisait point que l'adrogé jouât
un rôle muet comme dans l'adoption ; il fallait encore
que son consentement fut formel : cette exigence se
justifiait par ce motif que le silence de l'adrogé ne
semblait point une adhésion suffisante à un acte qui
avait une importance aussi grande et qui pouvait lui
causer un très-grave préjudice. Aussi Claude décida-
t-il que le mineur de vingt-cinq ans ne pourrait être
adrogé sans le consentement d'un curateur.

§ II.

*Conditions de l'adrogation. Qui peut adroger ? Qui
peut être adrogé ?*

Dans l'adoption ordinaire nous savons que trois
personnes sont en cause, l'adopté, l'adoptant et le
père naturel : par conséquent chacune d'elles doit
réunir certaines conditions. Ici au contraire, deux
personnes seulement jouent leur rôle dans l'acte l'a-
drogeant et l'adrogé, qui étant *sui juris* n'a pas de
puissance paternelle à dissoudre. — Voyons d'abord
quelles sont les conditions requises chez l'adrogeant
et quelles sont les personnes qui peuvent adroger.

A. — *De l'adrogeant.*

1° Il fallait d'abord que l'adrogeant remplît toutes les conditions exigées pour l'adoption : conditions d'âge, conditions de moralité, d'intention et de bienveillance.

On recherchait d'abord si l'adrogeant n'avait pas moins de soixante ans et s'il n'avait pas d'autres enfants naturels ou adoptifs car on ne devait pas en général permettre l'adoption à celui qui en avait déjà. Cependant des motifs sérieux et appréciés d'abord par les pontifes ensuite par les magistrats, tels qu'une maladie, le désir d'adopter un parent, auraient pu faire obtenir l'autorisation.

Comme l'adrogation devait autant que possible établir entre les parties une relation semblable à un lien de parenté naturelle, l'adrogeant devait avoir l'aptitude physique à être père et spécialement pouvoir être le père de la personne qu'il avait l'intention d'adroger. Il en résultait que l'adrogeant devait avoir au moins dix-huit ans de plus que l'adrogé et soixante révolus, âge à partir duquel on estimait que l'homme devenait impropre à la génération et était dispensé du mariage sous le système des lois caducaires. Il fallait qu'il eut dix-huit ans de plus que l'abrogé, parce que, bien que la puberté soit légalement fixée à quatorze ans, ce n'est qu'à dix-huit ans qu'existe la puberté réelle : « Id est anno decimo « octavo », nous dit Paul.

Il résultait aussi de ce principe que l'adrogation par un castrat était nulle. Cependant l'empereur Léon lui permit d'adopter et cette décision s'étendit certainement à l'adrogation.

Il fallait de plus que l'adrogeant fût juridiquement susceptible d'avoir la puissance paternelle ; par conséquent, les femmes, le fils de famille, les esclaves ne pouvaient pas adroger. Cependant, des exceptions furent faites à ce principe trop général. Une femme qui après avoir eu des enfants les avait perdus put adroger; telle est la solution que nous donne la loi 5 au Code : « Mulierem quidem, disent « les empereurs Dioclétien et Maximien, quæ nec « suos filios habeat in potestate arrogare non posse « certum est. Verum quoniam in solatium amis- « sorum tuorum filiorum, privignum tuum cupis « vicem legitimæ sobolis obtinere : annuimus votis « tuis, secundum ea quæ annotavimus : et eum « perinde atque ex te progenitum, ac vicem natu- « ralis legitimique filii habere permittimus. » Plus tard, l'empereur Léon le Philosophe, par sa Novelle 27, permit l'adrogation aux femme qui n'avaient jamais été mères, et cela par ce motif qu'une femme peut éprouver un véritable besoin d'affection maternelle, tout en voulant conserver sa virginité. .

Enfin, « on ne permet pas non plus à un tuteur ou à un curateur d'adroger ceux dont il a géré les biens aussi longtemps qu'ils sont mineurs de vingt-cinq ans, de peur qu'il ne les adopte pour n'être pas obligé de rendre compte. »

B. — *De l'adrogé.*

Pour être adrogé, il fallait d'abord être citoyen romain *sui juris*. Toute personne qui ne possédait pas cette condition était absolument incapable d'être adrogée; quelques exceptions furent apportées à ce principe. Mais aussi tout citoyen romain pouvait être frappé d'une incapacité relative d'être adrogé par telle ou telle personne. — Donc deux espèces d'incapacités, incapacité absolue, incapacité relative.

Prenons d'abord les incapacités absolues : quatre classes de personnes étaient frappées de ce genre d'incapacité; les femmes, les affranchis, les mineurs de vingt-cinq ans et les impubères.

Les femmes. — Aussi longtemps que l'adoption se fit dans les comices, les femmes qui n'y pouvaient assister étaient incapables d'être adrogées : il en était de même des habitants des provinces, car les comices ne se tenaient qu'à Rome. Une contradiction de deux textes de Gaius a fait naître une difficulté à propos de cette adrogation des femmes. Le jurisconsulte, au paragraphe 101 de son premier Commentaire, décide que la femme ne peut être adrogée : « Per populum feminæ non adoptantur. » Voilà qui est une règle bien générale et bien formelle, mais au Digeste, il pose dans la loi 21 une règle

toute contraire : « Et fœminæ ex rescripto principis
« adrogari possunt. » Voilà une règle tout aussi formelle que la précédente, mais dans un sens absolument contraire. Comment concilier ces deux textes :
les interprètes ont édifié plusieurs systèmes pour en
trouver la solution, et la plus simple est à notre avis
la suivante : cette contradiction ne peut s'expliquer
que par une modification apportée au texte de Gaius
par Justinien. Ce qui le prouve jusqu'à la dernière
évidence, c'est que Gaius, qui, dans son Commentaire, ne parle jamais de l'adrogation par rescrit du
prince, en parlerait ici. Or, il est certain que du
temps de Gaius, l'adrogation s'opérait encore au
moyen d'une *lex curiata*.

Ce n'est pas la seule modification que nous trouvons dans notre titre au Digeste. Ainsi, dans la loi 2,
§ 2, qui est la reproduction du § 107 du premier
Commentaire de Gaius, Justinien a substitué aux
mots « quæ per populum fit » les mots « quæ per
« principem fit ». — De même, le *principium* de
cette loi porte la même altération : « principis auc-
« toritate » au lieu de « populi auctoritate » que
porte le § 98 du manuscrit.

Depuis Dioclétien l'incapacité d'être adrogée ne
frappe plus la femme : une constitution décide
expressément que la femme peut être adrogée.

Lorsqu'il ne fut plus nécessaire de recourir aux
comices les habitants des provinces purent être
adrogés.

Les affranchis. — Ulpien, dans la loi 15 au titre des adoptions, décide qu'on ne peut adopter un affranchi étranger. Aulu-Gelle ajoute : « Massurius Sabinus a écrit que l'affranchi pouvait être adopté par un homme libre, mais il ajoute aussitôt qu'on ne permet jamais et même qu'il n'est pas convenable de permettre que des affranchis prennent la place d'un enfant libre, par leur adoption dans une famille. »

Les droits de patronage que le patron conservait sur cet affranchi étaient encore un obstacle à son adrogation : car du jour où l'adrogation eut placé l'affranchi dans la position d'un *justus filius* par rapport à l'adrogeant, le patron aurait perdu ses droits de patronage.

Cependant il résulte de l'espèce prévue par la loi 3 au Code, que l'empereur Dioclétien permit l'adrogation d'un affranchi par son patron lorsqu'elle était fondée sur des justes motifs. Voici le cas prévu par la loi : Un patron désire adopter son affranchi et demande un rescrit à l'empereur : celui-ci le refuse en s'appuyant sur cette raison que le patron n'avait pas donné de justes motifs à l'appui de sa demande d'où l'on conclut que si la demande avait été justifiée l'empereur aurait permis l'adrogation.

Mais si l'adrogation d'un affranchi fut permise dans les conditions que nous venons d'examiner, l'adrogation d'un affranchi par un étranger resta toujours interdite, afin que le patron ne fut pas lésé dans son droit et ne perdit point les services que lui devait son affranchi.

Il pouvait arriver que l'affranchi se fut fait passer pour un ingénu, qu'il ait caché sa qualité d'affranchi et qu'il se soit fait adroger. On décide que l'adrogation vaudra, mais que le patron ne perdra pas ses droits de patronage. C'est ce que nous explique le jurisconsulte Paul dans la loi 49, *de bon. libert.* : « Liberto per obreptionem adrogato, jus suum patro- « nus non amittit. » Et Ulpien nous donne la même solution la loi 10, § 3, *de in jus vocando.*

Mineurs de vingt-cinq ans. — L'adrogation des mineurs pouvait facilement cacher un piége; l'adrogeant pouvait essayer de s'emparer de leur fortune et le mineur était souvent incapable de prévoir les conséquences de l'acte par lequel il disposait librement de lui-même. Malgré ces inconvénients pendant longtemps la plus grande liberté fut laissée au mineur. Ce fut l'empereur Claude qui modifia la législation sur ce point. Il exigea pour une semblable adoption le consentement d'un curateur. Justinien alla plus loin et décida que si le mineur avait plusieurs curateurs, il devait obtenir le consentement de tous : « Sed hæc omnia ita accipienda sunt, — « dit l'empereur, — si non res quæ agitur solutionem « faciat ipsius tutelæ utputa si pupillus in arroga- « tionem se dare desiderat. »

D'ailleurs si le mineur avait éprouvé un préjudice, il avait toujours la ressource d'invoquer la *restitutio in integrum.*

Des impubères. — Ce sujet, vu son importance, sera traité plus loin dans un chapitre spécial.

Nous arrivons maintenant aux incapacités relatives ; elles nous sont presque toutes connues. D'abord le mineur de 25 ans ne pouvait être adrogé par celui qui avait été son tuteur ou son curateur.

L'inconvénient que présenterait une pareille adrogation est bien facile à saisir : le tuteur au lieu de rendre ses comptes qui peut-être sont loin d'être en ordre, se serait contenté d'adroger le mineur et de jouir tranquillement d'une fortune qu'il avait en partie perdue.

Nous avons vu aussi que les affranchis, qui étaient capables d'être adrogés par leur patron ne pouvaient l'être par aucune autre personne. Mais on pourrait croire avec une grande vraisemblance que le consentement exprès du patron faisait disparaître cette incapacité. Les motifs sur lesquels elle repose semblent bien justifier cette solution.

Enfin les enfants naturels nés *ex concubinatu* pouvaient-ils être adrogés ?

La question ne peut se poser que sous les empereurs païens, car à partir de Justin il ne peut plus y avoir de doute, l'adrogation des enfants naturels est formellement prohibée et Justinien reproduit cette prohibition (Novelle 74, ch. 3). Bien qu'on ne puisse guère argumenter d'aucun texte, il est cependant bien conforme aux principes généraux de décider qu'avant ces dispositions l'adrogation des enfants naturels ne devait pas être défendue. Remarquons en effet que les Romains n'ont jamais eu à l'époque classique cette idée de défaveur qui contrairement à toute équité et à toute logique pèse si lourdement sur les enfants naturels. Si les enfants naturels à Rome ne succédaient pas à leur père, c'était simplement parce que le concubinat ne pouvait produire la puissance paternelle et les effets que la loi y attachait ; voilà pourquoi les enfants naturels n'étaient pas rattachés à leur père, mais ils étaient rattachés à leur mère sans qu'aucune distinction fut faite entre les naturels et les légitimes. Jamais il ne fut venu à l'esprit des Romains d'empêcher un père d'instituer son enfant naturel. Et alors on se demande en vertu de quelles idées, de quels principes, ils auraient interdit l'adrogation en pareil cas ; chez nous, où la question est discutable, on comprend à merveille les motifs qui pourraient empêcher l'adoption, ce sont les mêmes qui font réduire la part héréditaire de l'enfant naturel : mais en droit romain où la succession testamentaire peut aller sans restriction à l'enfant naturel, dans quel but aurait-on empêché l'adrogation ?

L'évolution qui se fit dans les idées sur le concubinat, se fit également au Bas-Empire sur les enfants naturels : les deux matières ont un lien logique ; aussi on comprend qu'à cette époque et par suite de la légitimation par mariage subséquent, on ait cru devoir interdire l'adrogation des enfants naturels,

préférant voir les parents légitimer leur union ; mais
cette prohibition, à l'époque classique, eut été en contradiction avec toutes les idées reçues. Justinien dit
lui-même, du reste que cette adrogation a été permise
« antiquitus ab aliquibus imperatoribus ». Cela se
réfère certainement à des cas isolés, où l'adrogation
avait été permise à une époque déjà ancienne pour
Justinien, mais où l'évolution dans les idées commen-
çait sans doute à se faire ; il est infiniment probable
qu'en remontant plus haut, on aurait retrouvé à l'état
de principe ce que Justinien paraît considérer comme
des exceptions.

CHAPITRE II.

DES EFFETS DE L'ADROGATION.

Il y a entre les effets de l'adoption et de l'adrogation une grande différence. Dans le premier cas un membre d'une famille passait dans une autre, il y passait seul, et ses enfants, s'il en avait, restaient dans la famille naturelle, les deux familles restant indépendantes l'une de l'autre : rien n'est changé dans leurs rapports respectifs, un membre seul a modifié son état. Dans l'adrogation au contraire il n'en est point ainsi ; une famille disparaît l'adrogé entre dans une nouvelle famille, avec ses enfants, toutes les personnes qui lui sont soumises, avec ses biens. Une distinction naturelle s'impose à nous ; nous verrons d'abord quels sont les effets de l'adrogation, quant aux personnes, puis ensuite quels sont ses effets quant aux biens.

§ Ier.

Effets quant aux personnes.

Les effets de l'adrogation quant à la personne de l'adrogé sont ceux de la *capitis deminutio* : il était *sui juris*, peut-être avait-il la puissance paternelle, il avait un patrimoine : tous ses liens se dissolvent, son testament devient *irritum ;* il ne conserve plus aucun lien avec ses agnats s'il en a ; cependant les liens de cognation subsisteront. Si au moment de l'adrogation il se trouvait *sui juris* non par le décès de ses ascendants, mais par une émancipation, il perd le droit de venir à la succession du père naturel par la *bonorum possessio unde liberi* ou *contra tabulas,* tant que durera l'adrogation. Cette situation va naturellement produire les mêmes inconvénients que nous avons examinés dans l'adoption, et elle appellera une réforme de Justinien qui, nous le verrons, ne sera pas la même que celle de l'adoption.

L'adrogation d'un tuteur empêchait-elle la tutelle de subsister? D'après Justinien, la tutelle légitime ne subsistait pas, mais la tutelle testamentaire et la tutelle atilienne qui ne sont conférées que *intuitu personæ,* devaient subsister.

A l'égard des enfants de l'adrogé, l'adrogation produit l'effet de les mettre sous la puissance de l'adrogeant dont ils deviennent les petits-fils. On a soutenu qu'ils ne subissaient pas de *capitis deminutio ;* cette question ne présente guère d'intérêt pratique ; ce n'est du reste qu'un côté de la question plus générale de savoir si la *capitis deminutio minima* entraîne nécessairement un amoindrissement de capacité. Si elle l'entraîne, il faut dire qu'il n'y a pas ici *deminutio capitis,* car la situation des enfants de l'adrogé sera exactement la même après l'adrogation qu'avant; si elle ne l'entraîne pas, on pourra dire suivant l'opinion commune que les enfants de l'adrogé subiront par le fait de l'adrogation une *capitis deminutio*. Cette opinion se base sur un texte de Paul, qu'il paraît bien difficile de réfuter, c'est la loi 3, § 1, *de capit. nin*. D. : « Liberos « qui adrogatum patrem sequuntur placet minui « caput, quum in aliena potestate sint et quum « familiam mutaverint. »

§ II.

Effets de l'adrogation quant aux biens.

Les effets de l'adrogation quant aux biens sont très différents selon qu'il s'agit de l'actif ou du passif; et cela par suite de la règle toute romaine que le père de famille peut bien acquérir par celui qui est en sa puissance, mais qu'il ne peut au contraire être obligé par lui. Du premier principe il sera facile de déduire les règles de l'adrogation, quant à l'actif de l'adrogé; mais à cause du second, on sera obligé de recourir à bien des artifices pour donner des solutions équitables en ce qui concerne le passif.

A. — *De l'actif de l'adrogé.*

L'actif passait de plein droit à l'adrogeant sans distinction entre la nature des biens; il y passait tout entier à l'exception des différents pécules qui pouvaient, à partir d'une certaine époque, appartenir en propre au fils de famille, et aussi à l'exception de certains droits qui, rigoureusement personnels s'éteignaient par toute *capitis deminutio* : l'usufruit, l'usage, le *jus patronatus*, les droits déduits en justice dans un *judicium legitimum*. En ce qui concerne les pécules, comme avant l'adrogation ils se trouvaient confondus dans le patrimoine de l'adopté, il y aura une opération assez délicate à faire lors de l'adrogation, une véritable liquidation dans laquelle on devra tenir compte de l'origine des biens pour savoir quels sont ceux qui resteront la propriété de l'adrogé.

Ces règles subsistèrent jusqu'à Justinien qui y substitua un système infiniment plus simple et plus pratique : désormais l'adrogeant n'aura jamais la propriété des biens de l'adrogé, il n'en aura que l'usufruit. C'était d'ailleurs la conséquence logique des modifications admises à cette époque en ce qui concerne l'acquisition des biens par le fils de famille; c'était la conséquence de l'affaiblissement de la puissance parternelle artificielle du vieux droit et de l'acheminement vers les idées modernes. L'adrogé conserve du reste sous Justinien la pleine propriété des pécules; quant aux droits personnels susceptibles de s'éteindre par la *capitis deminutio*, il n'en existe plus guère et quant au droit d'usufruit, existant au moment de l'adrogation au profit de l'adrogé, Justinien décide qu'il demeurera au profit du dernier mourant soit l'adrogeant soit l'adrogé.

B. — *Du passif*.

Si on avait suivi en ce qui concerne les dettes de l'adrogé les principes rigoureux du droit civil, il serait arrivé, ainsi que nous l'avons vu, que dans la plupart des cas les créanciers auraient été purement et simplement frustrés par l'adrogation. Il fallut donc, pour ne pas se montrer inique, réagir de bonne heure contre les conséquences, et selon la méthode romaine la réaction se fit par des voies tortueuses et compliquées.

En principe, la *capitis deminutio* anéantit les contrats ; tout ce qu'on pouvait admettre comme tempérament, c'est que l'adrogé n'en reste pas moins obligé naturellement, en sorte que si les créanciers ont eu la précaution de se faire donner des garanties, ils sont autorisés à les conserver. Mais ce n'est là qu'un cas exceptionnel, et le préteur fit un grand pas en accordant au créancier même dépourvu de sûretés une véritable *restitutio :* il décida qu'il aurait contre l'adrogé l'action du contrat, seulement fictive et *ad utilitatem rei* (in eos perinde quasi id factum non sit judicium dabo). Mais encore faut-il pour que cette action produise un résultat que l'adrogé ait des biens soustraits à la puissance de l'adrogeant : s'il n'a pas de pécule, la possibilité de l'action sera pour le créancier un secours bien inutile. Pour obvier à cet inconvénient, le préteur fut amené à mettre directement en cause l'adrogeant qui profitait des biens de l'adrogé au détriment des créanciers. Il le force à prendre la défense de l'adrogé et à fournir la caution *judicatum solvi* ; et si l'adrogeant ne veut pas s'exécuter il prononce au profit des créanciers l'envoi en possession des biens de l'adrogé. Cette solution est équitable à tous égards ; elle sauvegarde les droits des créanciers et en même temps l'intérêt même de l'adrogeant : car si par suite de l'acquisition *per universitatem* qu'il fait on l'avait réputé tenu personnellement de toutes les charges, comme il peut fort bien ignorer les dettes de l'adrogé, l'adrogation aurait pu le constituer en perte ; au contraire avec la solution du préteur, si l'adrogeant se trouve en présence de créances trop considérables, il refusera de prendre la défense de l'adrogé dont les biens seront vendus en bloc au profit de ses créanciers. Tout ce qu'on peut se demander c'est comment il était possible de concilier de semblables solutions avec le principe maintenu et affirmé même par Justinien que la *capitis deminutio* éteint l'effet des contrats. Justinien n'opéra pas en ces matières de grandes réformes, il se borna à décider que l'action serait dirigée contre l'adrogeant. Cette décision est singulière puisque précisément à l'époque de Justinien c'est l'adrogé qui reste propriétaire, l'adrogeant n'ayant plus qu'un droit d'usufruit.

Du reste déjà dès l'époque classique on penchait à accorder aux créanciers une action véritable qu'ils pouvaient exercer à leur choix au lieu de se prévaloir de la *restitutio* accordée par le préteur, c'est l'action *de peculio*. On ne pouvait d'ailleurs la donner qu'au prix d'une nouvelle dérogation aux principes généraux, mais cette dérogation était cependant moins flagrante que dans le système prétorien. Il suffisait de supposer à l'adrogation un effet rétroactif en ce qui concerne la paternité qu'elle créait; alors l'adrogé ayant été à la tête d'un patrimoine à lui, se trouvait rétroactivement avoir eu un pécule : ce qui était le patrimoine du *sui juris* devenait le pécule de l'adrogé; d'où la conséquence que les créanciers antérieurs à l'adrogation conservaient sur ces biens devenus un pécule le droit qu'ils avaient eu quand ils étaient un patrimoine et pouvaient agir contre l'adrogeant par l'action *de peculio*. Cette action différait, quant à ses effets, de la *restitutio*, en ce sens qu'elle n'amenait jamais une *bonorum venditio* et que le créancier le plus diligent était payé le premier; il n'y avait pas concours. Il en résultait, et c'était à certains points de vue une cause d'infériorité de cette action, que si l'adrogeant était créancier de l'adrogé, étant nécessairement le premier à connaître l'adrogation il se trouvait tout naturellement le premier payé.

Tout ce que nous venons de dire ne s'applique qu'aux dettes nées d'un contrat. En ce qui concerne les dettes nées d'un délit, le droit romain admettait qu'elles obligeaient le fils de famille; par conséquent aucune *capitis deminutio* ne peut les faire tomber.

Le créancier pourra donc intenter de ce chef une action contre l'adrogé, mais il ne pourra exécuter que sur son pécule, et s'il n'a pas de pécule il devra attendre l'émancipation de l'adrogé ou agir *noxaliter*.

Une situation spéciale était faite avant Justinien aux créanciers d'une succession échue à l'adrogé avant l'adrogation ; l'adrogeant sera tenu de les désintéresser et non seulement sur les biens de la succession et sur ceux de l'adrogé, mais même sur ses biens personnels, parce que l'hérédité est un ensemble qu'on ne peut accepter pour partie et répudier pour partie : du moment qu'on décide que l'adition faite par l'adrogé à une époque où il était *sui juris* est pleinement valable et ne peut être rescindée par des motifs postérieurs, la conséquence est forcée, l'adrogeant profitera de l'actif et supportera le passif comme l'adrogé l'eut fait lui-même s'il était resté *sui juris*. Cette solution aboutit, en définitive, à faire supporter la perte si la succession est mauvaise par l'adrogeant, tandis que sans l'adrogation elle eut été supportée par les créanciers. Aussi a-t-elle été implicitement supprimée par Justinien qui passe sous silence cette situation exceptionnelle des dettes héréditaires. On a soutenu d'ailleurs que, même avant Justinien, ces dettes n'avaient jamais été soumises à un régime spécial et que le passage de Gaius qui semble l'indiquer avait été mal interprété. (Com. III, § 184).

CHAPITRE III.

Adrogation des impubères.

L'adrogation des impubères avait été longtemps prohibée parce que dans les idées romaines c'était en effet un acte particulièrement grave. Qu'un impubère soit donné en adoption, il n'y a rien là qui intéresse l'ordre public : l'adopté changera de famille, changera de culte, mais ce sont là des effets qui sont intéressants pour lui seul, qui n'affectent pas l'État.

Au contraire par l'adrogation, une famille va disparaître ; cet enfant est *sui juris*, par conséquent chef de famille, chargé d'un culte domestique qu'il a reçu de ses ancêtres et qu'il transmettra dans la suite à ses descendants : toutes ces traditions vont se perdre par l'adrogation ; tandis que l'adoption n'est que l'absorption d'un individu dans une famille, l'adrogation est l'absorption d'une famille dans une autre : on conçoit qu'un acte aussi grave exige une réflexion sérieuse, et précisément il va être accompli par une être encore incapable de réflexion ! Aussi la prohibition de l'adrogation subsista en principe et sauf des exceptions nécessitées par des situations spéciales, jusqu'à Antonin ; elle subsista par la seule raison donnée ci-dessus, et bien que les comices, dans lesquels il était interdit aux impubères de paraître eussent été supprimés : car aux premiers temps de Rome, cette interdiction eut été déjà un motif suffisant pour empêcher l'adrogation des impubères qui devrait être approuvée par les curies.

L'empereur Antonin le Pieux, chercha, tout en permettant l'adrogation, à entourer l'impubère de garanties efficaces, et il prescrivit d'abord que l'adrogation serait précédée d'une enquête minutieuse sur la moralité de l'adrogeant, sa fortune, l'utilité que l'adrogation présenterait pour l'enfant, en un mot sur tout ce qui pouvait intéresser ce dernier ; on consultait aussi la famille naturelle et le tuteur de l'enfant ; mais l'avis de la famille défavorable à l'adrogation n'avait pas néanmoins le pouvoir de l'empêcher, tandis qu'au contraire le consentement du tuteur était une condition de l'adrogation.

Une fois ces formalités accomplies, il y a tout lieu de croire que l'adrogation est sérieuse et ne produira pas de mauvais effets. Mais néanmoins, comme par des circonstances indépendantes de la volonté de l'adrogeant ces effets pourraient être modifiés ; comme d'autre part les bonnes intentions de l'adrogeant peuvent changer, on entoure encore l'adrogé d'autres garanties que nous allons étudier. Remarquons bien seulement que ces garanties sont données à l'adrogé parce qu'il est impubère et non parce qu'il est adrogé ; elles cessent par conséquent du jour où il atteint la puberté parce qu'il est libre ce jour-là d'exiger son émancipation s'il prouve qu'il y a avantage. S'il n'exige pas cette émancipation, alors il ratifie implicitement l'adrogation; il la ratifie étant pubère et capable d'en comprendre la portée, par conséquent, il se trouve dans la situation de tous les adrogés pubères et n'a pas de droits autres que les leurs.

Au cas où le magistrat ne croirait pas devoir faire droit à la demande en émancipation de l'adrogé, celui-ci pourra encore jusqu'à vingt-cinq ans et en justifiant d'un préjudice certain et actuel obtenir une *restitutio in integrum* s'il y a lieu.

Quatre situations peuvent se produire, dans lesquelles l'adrogé impubère ou ses ayant-cause auront des droits différents.

1° D'abord il se peut que l'adrogé meure sans avoir atteint l'âge de la puberté. Dans ce cas, d'après les principes généraux, ses biens devraient être acquis à l'adrogeant ; mais on considère cependant que l'adrogation a été accomplie à une époque où l'enfant n'avait pas conscience de ses actes, et que s'il eût été plus âgé, il n'aurait peut-être pas voulu priver sa famille de sa fortune ; on présume même qu'il n'aurait pas voulu l'en priver, et c'est ainsi qu'on a été amené à décider, non plus dans l'intérêt de l'adrogé, mais par interprétation de sa volonté probable, que l'adrogeant devra restituer intégralement aux ayant-cause de l'adrogé tout les biens de ce dernier. Cette restitution sera faite aux plus proches agnats de l'adrogé dans sa famille naturelle, en un mot à ceux qui y auraient eu droit si l'adrogé n'avait pas changé de famille, comme par exemple des substitués pupillaires, au cas où avant l'adrogation le père de famille aurait testé pour son enfant.

Mais comment les intéressés pourront-ils exiger de l'adrogeant cette restitution ? Si l'adrogé était resté propriétaire de ses biens, ils auraient un droit de succession et agiraient comme propriétaires eux-mêmes par le seul fait du décès de l'adrogé ; mais il n'en est pas ainsi ; l'adrogeant a bien été propriétaire de ces biens, il ne peut y avoir contre lui d'action en revendication, il n'y a place que pour une action personnelle. Mais d'autre part le rigorisme romain ne comprend pas d'action personnelle sans engagement. Il faudrait donc logiquement qu'au moment de l'adrogation, l'adrogé s'engagea à une restitution conditionnelle envers l'héritier présomptif de l'adrogé ; cet engagement aurait pour sanction naturelle une action *ex stipulatu*.

Malheureusement, les engagements étant purement personnels, si l'on avait procédé de cette façon il serait arrivé bien souvent qu'au moment du décès de l'adrogé, l'appelé aurait été une autre personne que l'héritier présomptif qui avait stipulé lors de de l'adrogation ; et par conséquent l'action *ex stipulatu* n'aurait pas pu être exercée. En réalité, cette difficulté était insoluble ; elle tenait au formalisme romain, et il n'était possible d'en sortir qu'en violant les principes étroits de la législation. C'est ce qu'on fit, seulement au lieu de le faire ouvertement, on prit un moyen qui pour être détourné n'en est pas plus logique. On décida que l'adrogeant s'engagerait au moment de l'adrogation envers un *servus publicus*, à une restitution éventuelle des biens. C'était bien violer les principes, et pour deux raisons : d'abord le *servus publicus* est l'esclave de l'État et non celui des particuliers ; il peut donc stipuler pour l'État, mais non pour les particuliers ; ensuite, en admettant même que le *servus publicus* puisse valablement stipuler pour un citoyen romain pris individuellement, encore faut-il que ce citoyen existe ; or il peut parfaitement arriver que le parent appelé à la succession de l'adrogé au moment où celui-ci meurt, ne soit pas encore né au moment où l'adrogation a lieu, dans ce cas comment soutenir que le *servus publicus* a stipulé pour lui ? La valeur de cet expédient n'échappait pas d'ailleurs aux Romains eux-mêmes, d'autant plus qu'à partir de Justinien le *servus publicus* est remplacé par un *tabularius*, homme libre, qui ne peut par conséquent se prêter à la fiction dont nous parlons. Quoi qu'il en soit, le procédé suffisait au point de vue pratique à sauvegarder tous les droits, et c'était le principal.

2° En second lieu il peut arriver que l'adrogé soit émancipé impubère et sans justes motifs. Dans ce cas il va de soi que l'adrogeant devra d'abord lui rendre tous ses biens, et cela par une *condictio ex lege*. Mais ce n'est pas tout ; la loi considère avec raison que parmi les motifs qui ont fait admettre l'adrogation a figuré l'espérance légitime que l'adrogé jouirait un jour d'une partie des biens de l'adrogeant; en enlevant à l'adrogé cette espérance, l'adrogeant méconnaît une des conditions mêmes sans lesquelles l'adrogation n'eut point été autorisée ; c'est pourquoi Antonin-le-Pieux décida que l'enfant adrogé émancipé sans justes motifs aurait droit au décès de l'adrogeant au quart de ce qu'il aurait recueilli dans la succession s'il n'avait pas été émancipé. Ici encore une difficulté se présente pour savoir quelle action lui sera donnée pour réclamer cette quarte. En effet l'émancipation a fait sortir l'adrogé de la famille et il ne peut être question de l'y faire rentrer; c'est une indemnité à laquelle il a droit, mais ce n'est point un droit de succession. D'autre part, il est certain que l'adrogé a droit à la quarte Antonine en nature. On sortait de cette difficulté en accordant à l'adrogé une action *familiæ erciscundæ* qui lui était donnée *utiliter*.

Si l'adrogé, au lieu d'être émancipé était donné en adoption, on peut se demander ce que deviendraient ses droits. Le décès de l'adrogeant se produisant alors que l'enfant est encore dans sa famille adoptive, il semble qu'il ne puisse y avoir lieu à la quarte Antonine : elle n'est faite que pour le cas d'émancipation; et d'ailleurs l'enfant peut trouver un ample dédommagement dans ses nouveaux droits. Mais il serait lésé au cas où postérieurement au décès de l'adrogeant il vient à être émancipé par son père adoptif. La situation serait dans ce cas absolument analogue à celle de l'enfant adopté puis émancipé qui se trouvait d'après le droit civil privé de tous droits dans sa famille naturelle par suite de l'adoption et dans sa famille adoptive par suite de l'émancipation. Nous savons que dans ce cas le préteur venait à son secours en lui accordant la *bonorum possessio unde liberi* dans sa famille naturelle ; il eut donc été juste que dans notre hypothèse les mêmes idées fussent appliquées. Au point de vue de l'équité, on peut encore soutenir que l'adopté émancipé avait droit de réclamer au père adoptif émancipateur la valeur du bien dont l'adoption suivie de l'émancipation l'avait privé ou le priverait ; c'est-à-dire qu'au moment de l'émancipation si l'adrogeant était déjà mort, ou au moment de la mort de l'adrogeant, si l'émancipation était antérieure, l'émancipé aurait le droit de réclamer à son père adoptif émancipateur la valeur de la quarte Antonine à laquelle il aurait eu droit dans la succession de l'adrogeant. Ces solutions ne peuvent d'ailleurs être proposées qu'à titre de conjecture.

3° Si l'adrogé était émancipé encore impubère, mais avec de justes motifs appréciés par le magistrat, alors l'adrogé reprenait comme dans le cas précédent tous ses biens, même ceux qui auraient été acquis par lui à l'adrogeant pendant la durée de l'adrogation, mais il n'avait plus aucun droit à faire valoir au décès de l'adrogeant, il n'y avait plus pour lui de quarte Antonine. Ce cas ne pouvait donner lieu à aucune difficulté.

4° Enfin si l'adrogé était exhérédé encore impubère on lui reconnaissait les mêmes droits que s'il avait été émancipé impubère sans justes motifs, c'est à-dire le droit à la restitution de ses biens et à la quarte Antonine. On a soutenu cependant que la situation était exactement la même en cas d'exhérédation qu'en cas d'émancipation, c'est-à-dire que l'exhérédation sans justes motifs donnait seule lieu à la quarte Antonine, l'exhérédation avec justes motifs donnant simplement droit à la restitution des biens. Cette opinion se heurte au texte formel de Justinien et de plus prête le flanc à une objection irréfutable, c'est que si l'adrogeant avait des griefs contre l'adrogé, il lui était bien facile de l'émanciper et de lui retirer tous droits par cette émancipation faite avec justes motifs ; ce n'est pas par suite une contestation tardive et peu convenable avec les héritiers de l'adrogeant que l'adrogé peut voir maintenir ou diminuer ses droits.

ÉTUDE

SUR LE NOM DE FAMILLE

ET

LES TITRES DE NOBLESSE

PREMIÈRE PARTIE.

DU NOM DE FAMILLE.

CHAPITRE PREMIER.

INTRODUCTION.

La plupart des décisions judiciaires qui ont tranché des questions relatives au nom patronymique ont été inspirées par le principe souvent affirmé, jamais démontré que le nom de famille est une propriété de famille. J'aurai donc à me demander tout d'abord si une semblable propriété existe et peut exister dans notre droit. C'est la solution de cette question, dont l'étude ne semble pas avoir suffisamment préoccupé le législateur et la jurisprudence, qui peut seule permettre de résoudre, à l'aide d'un principe

1

général, toutes les difficultés auxquelles le nom de famille peut donner lieu.

Nous sommes encore aujourd'hui dominés par un préjugé qu'il me paraît nécessaire d'écarter si l'on veut avoir une idée nette de ce qu'est un nom, c'est ce préjugé qui nous fait voir dans un individu tout un ensemble d'autres individus, l'ensemble de ceux dont il est issu, son père, son grand'père, ses ancêtres ; et de même que nous cherchons à ressaisir dans ses traits la physionomie de ses parents, de même son nom nous rappelle le nom que portaient ses aïeux, et qu'ils ont illustré ou flétri. Il semble qu'il y ait comme un héritage, tantôt glorieux et qu'on a le droit de porter fièrement, si abject qu'on soit, tantôt honteux et sous lequel il faut courber le front, même si ce front est celui d'un honnête homme. En un mot, il y a selon les idées généralement reçues une solidarité inévitable qui enchaîne tout homme à travers les âges à des ascendants qu'il n'a pas connus, à des descendants qu'il ne connaîtra pas. On a donné de cette solidarité bien des raisons : les uns remontent jusqu'à la Bible pour chercher, outre l'exemple de la malédiction initiale, l'histoire de ces malédictions qui frappent jusqu'à la septième génération ; les autres recourent à la science et tentent de prouver que rien de ce qui est en nous n'est à nous ; que nous ne sommes pas maîtres de nos mouvements, que nous tenons notre caractère du sang dont nous sommes issus et que notre personnalité individuelle n'existe pas, ou s'absorbe dans la personnalité collective de nos ancêtres.

Mais quelque raison que l'on donne, et même si l'on n'en donne aucune, il n'en est pas moins vrai que ces idées sont difficiles à déraciner, parce qu'elles ont été l'erreur de générations nombreuses qui nous les ont inculquées peu à peu. Ne voyons-nous pas encore aujourd'hui des personnes, et des plus roturières, se plaindre amèrement à la pensée que leur nom va périr avec elles et qu'aucun descendant mâle ne le transmettra à la postérité, tout comme si nous étions au XVIᵉ siècle et qu'il s'agît d'un Rohan ou d'un Montmorency? Ce sont ces idées qui ont inspiré chez tous les peuples l'institution de la noblesse, dont je traiterai plus loin ; et si elles ont inspiré aussi des prétentions ridicules et des théories injustes, encore faut-il convenir, pour être équitable, qu'elles ont été la source de bien des pensées généreuses et de bien des grandes actions. Seulement, comme toutes les fictions humaines, après avoir eu leur part légitime d'influence dans les destinées des nations, elles nous apparaissent aujourd'hui surannées, inutiles, en contradiction avec la vérité philosophique et par conséquent avec la vérité juridique.

La vérité philosophique c'est que chaque homme a une personnalité individuelle, un ensemble de droits et de devoirs, une responsabilité en un mot, qui peut varier selon le rôle qu'il joue dans la société, mais qui est complètement étrangère à la responsabilité des autres hommes. L'individu aura des droits et des devoirs d'enfant, d'époux, de père, mais c'est toujours l'individu qui aura ces droits et ces devoirs, ce ne sera jamais la famille. En un mot, il y a des devoirs de famille, mais la famille n'a pas de devoirs.

Et qu'on ne dise pas que cette doctrine, qui pose en principe l'absence de solidarité entre les individus, attaque les bases de la famille reconnue, organisée et protégée par notre loi, car ce serait se méprendre singulièrement sur sa signification. Il ne faut pas pas, en effet, se borner à définir la famille « l'ensemble des personnes réunies par les liens du sang ». On peut certainement en donner une idée plus vraie et en même temps plus élevée. Je me refuse à croire que si la morale sanctionne les devoirs de l'enfant vis-à-vis du père et réciproquement, c'est uniquement parce qu'il y a un lien de filiation entre eux. C'est là un fait qui, en lui-même n'importe pas au philosophe; il ne lui importe que par les conséquences qu'il entraîne. Autrement, si l'on vient parler de la voix du sang ou de l'instinct de la paternité, il est bien facile de répondre que l'existence même de cet instinct, en tant qu'instinct, n'est nullement prouvée, et que quant à l'instinct de la maternité il existe chez un grand nombre d'animaux, et il existe même chez certains plus vigoureux encore que chez l'homme. C'est faire peu d'honneur à l'humanité que d'entourer de respect et de traiter en institution primordiale ce qui n'est

en définitive qu'un instinct purement animal. Mais
lorsque le Décalogue dit : « Honore ton père, » et
lorsque le Code répète sous vingt formes différentes
cette même pensée, tenons pour certain que le mot
père ne signifie pas seulement « l'homme qui t'a
engendré, φυτεύσας πατήρ, » il signifie l'homme qui,
après t'avoir engendré, t'a nourri, élevé, instruit,
aidé de son expérience; l'homme avec qui tu as vécu
dans une intimité si parfaite, dans un échange de
soins et de services si continuels qu'il est impossible
de savoir quel est le débiteur : il est mauvais, il est
injuste qu'une pareille intimité soit rompue, qu'une
dette de reconnaissance une fois contractée ne soit
pas payée. Voilà la véritable idée de la famille, elle
en explique tous les devoirs, ceux de l'enfant qui doit
à ses parents bien plus que l'existence, ceux des
parents qui portent le poids d'une grave responsabilité volontairement assumée. Ce n'est donc pas la
filiation, ce n'est pas le sang qui fait la famille, c'est
l'affection, et en ce sens il est plus vrai de dire que la
famille est l'ensemble des individus qui, unis par le
sang, ont contracté entre eux des liens d'affection.

On voit de suite quelles conséquences il faut tirer
de cette définition : si la famille ne repose qu'acces-
soirement sur la filiation, ceux de nos ancêtres que
nous n'avons pas connus ne sont pas de notre famille, nous n'avons jamais eu vis-à-vis d'eux ni
devoirs ni droits, ils nous sont étrangers. La famille
ne nous apparaît plus comme une chaîne indéfinie

dont nous ne connaissons ni le commencement ni la fin ; ce n'est plus qu'un petit groupe éphémère de quelques personnes, qui se reforme indéfiniment avec des éléments différents et nullement reliés entre eux. Et même dans ce petit groupe, il faut considérer chaque homme individuellement; chacun a ses droits et ses devoirs, mais le groupe pris dans son ensemble n'a ni droits ni devoirs ; nous n'avons pas le droit de participer à la gloire acquise par un des membres du groupe, nous n'avons pas l'obligation de supporter ses fautes. Il est vrai qu'en fait, et précisément par suite du préjugé que je combats, nous pouvons souffrir de ses fautes et bénéficier de ses mérites, mais au point de vue moral et abstrait, ses mérites ne nous rehaussent pas, ses fautes ne nous diminuent pas, il n'y a pas de solidarité.

Voilà ce qui me semble être la vérité philosophique. Est-il besoin d'ajouter que c'est bien aussi la vérité juridique ? N'est-il pas certain que nos lois ont complètement rompu avec l'ancienne tradition, ont cessé de faire des catégories pour ne s'occuper que des personnes ? Ce qui le prouve bien, c'est l'usage continuel et même l'abus qu'elles font du mot *individu*, abus qui a passé dans la langue et qui correspond parfaitement aux idées qui surgissaient et commençaient à s'imposer à l'époque de la rédaction de nos lois. Qu'on recherche les passages de ces lois où elles semblent prendre des mesures dans l'intérêt de « la famille », et en les examinant de près, on verra qu'il s'agit toujours d'un intérêt individuel à protéger, jamais, ou bien rarement d'un intérêt collectif. Il a été maintes fois observé qu'en matière de successions par exemple, le Code civil, suivant avec raison la loi romaine dans son dernier état et repoussant le droit coutumier, appelle les parents à succéder dans l'ordre présumé des affections du défunt. Tout le système du Code civil repose sur cette idée d'affection et nullement sur les idées germaniques de propriété collective de la famille. La conséquence c'est le droit de tester, que le Code civil accorde largement, tandis que les coutumes barbares ne le connaissaient même pas.

M'objectera-t-on précisément que ce droit de tester est restreint dans de certaines limites au profit des plus proches parents, alors même qu'il n'existerait entre eux et le testateur aucun lien d'affection ? Mais je puise là un argument de plus ; il est bien vrai que la présomption d'affection établie par la loi et qui, en général, peut être détruite par la preuve contraire, c'est-à-dire par la volonté du testateur, devient dans les cas auxquels je fais allusion une présomption *juris et de jure* qu'aucune preuve ne peut détruire, mais quelle différence cependant entre la réserve française et la réserve coutumière ! Celle-ci, faite pour protéger tous les parents indistinctement, *in globo*, se fondait sur l'idée seule de filiation, ne s'occupait pas de l'affection, ne visait qu'un but : conserver le bien de la famille. La réserve française au

contraire dérive manifestement de la *querela inofficiosi testamenti* du droit romain, elle n'est pas faite
pour protéger la famille, mais pour profiter à quelques individus pris isolément, au fils, au père du
de cujus; en les déshéritant, il a violé l'*officium
pietatis;* ce père ayant donné le jour à des enfants
leur doit au moins des aliments ; ce fils avait reçu
de son père des soins qu'il devait reconnaître, voilà
la présomption de la loi, voilà le fondement de la
réserve française ; aucune idée de collectivité.

Que sont devenues d'ailleurs ces innombrables
garanties dont l'ancien droit entourait la famille?
Toutes ces mesures prises pour conserver les biens
dans les familles, les renonciations à successions
futures, le droit d'aînesse, le retrait lignager, les sub-
stitutions, toutes ces institutions ont disparu à l'avé-
nement des idées nouvelles qui ont détrôné le col-
lectivisme de notre ancien droit, qui ont substitué
à la conception arbitraire d'une famille fondée sur
le sang, la conception plus rationnelle et plus
humaine d'une famille fondée sur l'affection. Dans
les cas même où la loi paraît encore aujourd'hui
attribuer des droits à la famille, on s'aperçoit aisément qu'au fond c'est toujours un individu qu'elle
protège; lorsque les membres du conseil de famille
s'assemblent ce n'est pas pour délibérer sur leurs
intérêts collectifs, c'est pour protéger un faible contre
les autres ou contre lui-même.

Il était nécessaire d'exprimer ces idées générales

avant d'aborder la question spéciale du nom patronymique, parce qu'il résulte de tout ce qui précède
que si actuellement le nom se transmet par la filiation, est commun à tous les membres d'une famille,
semble être une co-propriété de famille comme de
graves autorités l'ont soutenu (Voir *Gaz. des trib.*,
18 mars 1882) (1), il n'y a là qu'une apparence que le
raisonnement détruit sans peine. L'histoire vient
d'ailleurs compléter la preuve que les principes phi-
losophiques établissaient *a priori*.

S'il était vrai que le nom fut une véritable propriété de famille, quelles sont donc les législations
dans lesquelles nous devrions trouver cette règle de
la transmission du nom par la filiation telle qu'elle
existe dans notre droit actuel? Ce sont évidemment
et surtout les législations qui connaissent la famille
comme personne morale, susceptible d'avoir des
droits, d'être propriétaire, ce sont les législations
rudimentaires des tribus germaniques qui connaissaient la propriété collective et ignoraient à peu près
la propriété individuelle, ce sont les législations actuelles d'une partie des pays slaves, ce sont les coutumes des tribus presque sauvages du Sahara. Chez

---

(1) *Sic*, cass. 16 mars 1841, D. 1841. I. 210 : « Attendu que les
noms patronymiques des familles sont *leur* propriété ; que si les
femmes en entrant par le mariage dans une famille étrangère cessent
de porter le nom de leur père, ce nom, les souvenirs d'honneur et
d'estime qui peuvent y être attachés sont un *bien qui fait partie de
leur patrimoine.* »

tous ces peuples, l'idée de la famille est forte, l'idée de l'individu est faible : le nom de l'individu devait logiquement s'absorber dans celui de la famille. Au contraire, dans les législations les plus avancées, comme la nôtre, le lien de famille est restreint, l'idée de l'individu est prédominante, car c'est un fait certain que le progrès de la civilisation se traduit inévitablement dans l'ordre législatif par le développement croissant de l'individualisme : il serait donc logique que chez nous le nom fût individuel et non pas collectif. Or, c'est précisément le contraire qui se produit : le nom collectif appartient aux civilisations avancées, le nom individuel aux civilisations primitives. Il est même intéressant d'observer cette évolution.

L'usage de désigner les personnes par un son est considéré à bon droit comme une nécessité primordiale ; l'homme doué de la parole et de la raison est conduit nécessairement à désigner chaque objet extérieur par un mot, et tout homme, ayant un corps, est pour son voisin un objet extérieur, de là le nom. C'est un son à l'aide duquel on peut distinguer un homme d'un autre.

Chaque homme a donc un nom, et il est parfaitement logique que les noms donnés aux différents hommes diffèrent entre eux, quel que soit leur lien de filiation. Il n'y a *a priori* aucune raison pour que le fils porte le même nom que son père ; ce sont deux individus, on a intérêt à ne pas les confondre, ils

auront chacun leur nom. Et c'est en effet ce principe que suivent les sociétés primitives, bien que la
famille soit chez elles bien plus fortement constituée
que chez nous. Nous voyons dans la Bible que
chaque individu est toujours désigné par son nom
personnel, ce que nous appellerions aujourd'hui un
prénom.

Mais il se produit alors un fait qui, sans rien
changer au principe, en modifie les effets. C'est que
les mêmes noms, tirés de la nature, tirés de quelque
trait physique ou moral, se reproduisant fréquemment, seront donnés à un grand nombre d'hommes,
ce qui établira entre eux une confusion préjudiciable
à tous. Pour éviter cette confusion, ou tout au moins
pour restreindre les cas dans lesquels elle se présentera, un moyen se fait jour : c'est d'ajouter au nom
de l'individu le nom que portait son père et d'obtenir
ainsi un surcroît de désignation personnelle. Ce
procédé a été certainement usité autrefois chez les
races anglo-saxonnes, allemandes et scandinaves;
nous en avons la preuve dans la terminaison fréquente en *son* ou *sohn* (fils) qui se rencontre dans les
noms anglais, allemands et scandinaves (Richardson
Harrison, Mendelsohn, etc.). Si nous ne rencontrons pas de terminaison analogue en France, c'est
que notre langue ne se prête pas, comme les langues
germaniques à l'adjonction d'une finale modificative
du sens; mais de nos jours encore nous trouvons ce
procédé usité chez tous les peuples slaves où chaque

individu est désigné d'abord par son nom personnel et ensuite par le nom de son père auquel on ajoute la finale *vitch* indiquant la filiation (Constantin Nicolaievitch).

Chez les Roumains une grande partie des noms de famille usités se terminent en *escu*, avec la même signification (Jonescu, fils de Jean). Les tribus arabes de l'Algérie nous fournissent la démonstration la plus frappante de ce que j'avance : chez elles le nom de famille n'existe absolument pas et les individus ne se distinguent entre eux que par l'adjonction du nom de leur père à leur propre nom (prénom). Ces deux noms sont séparés par le mot *ben* ou *oulad*, selon les tribus, qui signifie fils de (Exemples : Ali-ben-Khalifa, Mustapha-ben-Ismaïl). M. le général Arnaudeau disait à ce sujet au Sénat dans la séance du 17 février 1882 : « Suivant leurs règles religieuses, les Arabes ne donnent jamais le nom direct du père à l'enfant. Ils ne reconnaissent la descendance de famille que par la forme et par la désignation suivante : un tel, fils d'un tel, fils d'un tel, quelquefois jusqu'à la quatrième génération, on appartient en outre au douar des oulad un tel, un tel étant le père commun du douar ou de la tribu. Puis tous appartiennent à la grande tribu des Beni-Adam, des enfants d'Adam. En arabe usuel, homme se dit ben-Adam, au pluriel beni-Adam. C'est d'usage courant. » Les noms les plus usités, suivant le même auteur, sont ceux de Mohammed, Ibrahim

(Abraham), Sliman (Salomon), Youcef (Joseph), Moussa
(Moïse), Aïssa (Jésus), etc. Ce sont les noms des pro-
phètes ; en y ajoutant les noms de quatre-vingt-dix-
neuf attributs de Dieu et même un certain nombre
de surnoms (Bou-Amama, l'homme au turban). On
comprend parfaitement que cette désignation, qui
peut suffire à des peuples à demi sauvages devient
complètement insuffisante lorsqu'ils sont en contact
avec une civilisation comme la nôtre, lorsque des
rapports multiples s'établissant entre les hommes
rendent les confusions chaque jour plus nombreuses
et plus préjudiciables. C'est ce qui a donné lieu tout
récemment à la loi du 7 mars 1882 sur l'état civil
des indigènes musulmans d'Algérie dont j'aurai
occasion de parler plus loin.

C'est donc un fait bien établi que la désignation
individuelle est à l'origine de toutes les sociétés, et
que les nécessités pratiques seules amènent peu à peu
les peuples à indiquer la filiation dans le nom. Cette
indication se produit d'abord par adjonction, les deux
noms restant d'ailleurs différents ; puis, sans que la
méthode change on trouve des exemples fréquents
de fils portant le même nom que leur père (Δημοσθενὴς
Δημοσθενοῦς) ; enfin, plus la civilisation avance, plus on
conçoit l'idée d'un nom se transmettant par la filiation, et ne faisant pas obstacle d'ailleurs à d'autres désignations personnelles. C'est un fait parfaitement logique, mais qui ne tient nullement à la constitution de
la famille. Quand les hommes vivent à l'état sauvage,

ils ne se mêlent pas beaucoup, les transactions sont
nulles, le nom individuel suffit amplement, et c'est à
mesure que les transactions se développent qu'apparaissent des systèmes de classification perfectionnés
tels que le système romain (1) et notre système actuel,
système évidemment supérieur, car puisque le nom
doit servir à distinguer un individu d'un autre, la
meilleure législation sera évidemment celle qui accu-
mulera sur un individu le plus de traits distinctifs,
ce sera celle qui arrivera à donner dans un nom un
véritable abrégé de l'état civil d'une personne. On
peut dire que le nom est l'image de l'acte de naissance ;
on y fait entrer la filiation, si on pouvait y faire
entrer l'âge ou la physionomie de celui qui le porte
on aurait encore réalisé un progrès. Je comparerais
volontier le système des peuples primitifs à celui
d'une municipalité qui ne donnerait pas de noms aux

---

(1) A Rome, suivant la règle générale énoncée plus haut pour
toutes les civilisations primitives, chaque individu eut d'abord un nom
unique, d'après ce qu'affirment Varron et Valère-Maxime. Le premier progrès consista dans l'adjonction de la terminaison *ius* au nom
de l'enfant (Marcus, Marcius). Plus tard le *nomen gentilitium*
devint héréditaire et chaque individu fut alors désigné : 1º par un
prœnomen, prénom tout à fait analogue aux nôtres (il n'y a que 30
prénoms connus à Rome) ; 2º par le *nomen gentilitium*, véritable
nom de famille auquel s'ajoutait souvent un surnom (*cognomen*).
Il est curieux de remarquer qu'à Rome certaines familles affectaient
de ne donner à leurs enfants que certains prénoms à l'exclusion de
tout autre, absolument comme il est de mode en France chez quelques
familles de l'aristocratie de se servir exclusivement des prénoms de
Guy, Raoul, etc.

rues, mais seulement des numéros aux maisons : on pourrait s'y retrouver à condition que la ville ne fût pas grande. Au contraire le système de notre législation est analogue à celui des municipalités des grandes villes américaines qui donnent des numéros non seulement aux maisons, mais aux rues : le numéro de la maison est pour ainsi dire son prénom ; et le numéro de la rue son nom. Il y a là un procédé de classification extrêmement rationnel qui constitue un très grand progrès, mais il n'y a rien de plus. Ce procédé est la conséquence de certaines nécessités pratiques, et il ne faut pas y chercher l'expression d'un système philosophique qui se serait traduit par l'usage.

Qu'on ne vienne donc pas parler, lorsqu'il s'agit de noms, « d'héritage sacré transmis par les ancêtres. » Il y a là une création arbitraire de l'usage ou de la loi, il n'y a rien qui ressemble à un héritage ou à une propriété. Le nom est une étiquette (1) qui nous est donnée, non pas pour notre agrément ou notre utilité personnelle, mais pour l'utilité des autres qui ont intérêt à ne pas nous confondre avec d'autres individus. J'accorde que ce soit aussi notre droit de

---

(1) Cette métaphore est si bien dans l'esprit de la loi que la loi elle-même en a fait une réalité. L'article 6 de la loi du 17 mars 1882 sur les indigènes d'Algérie porte en effet : « Une carte d'identité ayant un numéro et indiquant le nom et les prénoms sera délivrée sans frais à chaque indigène. » Cette carte d'identité, cette véritable étiquette n'est-elle pas la matérialisation de l'idée exprimée ?

ne pas vouloir être confondus avec certains autres, et je tirerai plus loin les conséquences de cette idée, mais si nous pouvons, dans certains cas, agir en invoquant notre intérêt lésé, nous n'aurons jamais le droit d'invoquer une propriété que la loi ne nous confère nulle part.

Le droit de propriété n'est-il pas un droit absolu à la jouissance et à la disposition d'une chose? Et com ment pourrait-on soutenir que ces caractères se retrouvent dans le droit qu'un individu a sur son nom? Soutiendrait-on qu'une loi qui nous dépouille-rait de notre nom violerait les principes constitution-nels si elle ne soumettait pas cette disposition aux conditions prescrites pour l'expropriation? Fau-drait-il donner à l'individu exproprié de son nom une juste et préalable indemnité? Sur quels éléments la fonderait-on? Et à ce compte, le Sénat et la Chambre des députés n'ont-ils pas attenté à la Constitution en votant une loi sur l'état civil des indigènes musulmans d'Algérie qui imposera à un grand nombre d'entre eux un changement de noms et qui autorise même dans certains cas des fonctionnaires à conférer d'office un nom à l'indi-gène négligent?

Il ne semble pas qu'il y ait là rien d'analogue au au droit de propriété. Le prétendu droit d'un indi-vidu sur son nom est à la fois plus et moins qu'un droit de propriété; c'est moins, car on ne peut certai-nement l'en dépouiller sans expropriation; c'est plus

en un certain sens, car on ne peut ni vendre ni échanger ni délaisser son nom : en tout cas, c'est tout autre
chose. Il me paraît donc démontré à la fois par la
philosophie, par l'histoire et par la loi que le nom
n'est pas une propriété.

CHAPITRE II.

ACQUISITION DU NOM.

§ Ier.

Principe de l'acquisition du nom par l'usage.

Le nom ne s'acquiert que par l'usage ou la volonté du souverain. Il y a eu des époques où il s'acquérait par la volonté individuelle (décret du 24 brumaire an II), mais actuellement cette volonté ne suffit plus (loi du 6 fructidor an II). Dès lors il faut bien s'en référer à l'usage, ce qui est du reste dans la nature des choses ; n'est-ce pas l'usage qui donne à chaque objet son nom ? N'est-ce pas avec raison qu'on a dit de l'usage qu'il est l'arbitre et la règle de la langue, « ar- « bitrium et jus et norma loquendi ? » Puisqu'il s'agit de distinguer les hommes entre eux, comment ne pas s'en remettre à l'accord tacite des hommes eux-mêmes qui ont intérêt à ne pas faire de confusion ? Ce principe, qui semble imposé par la nature elle-même, est cependant vivement contesté, on soutient que le nom qui est certainement hors du commerce, comme faisant partie de l'état des personnes, ne peut ni s'acqué- rir ni se perdre par prescription, et par conséquent par l'usage. Assurément le nom est hors du commerce, mais la conséquence n'en est pas moins erronée, comme nous allons le voir.

Avant d'examiner cette question, il n'est pas inutile de rechercher comment elle se posera en pratique. Elle se posera dans deux cas : 1° Je réclame un nom autre que celui qui m'est attribué par mon acte de naissance ; 2° Je poursuis en dommages-intérêts un individu qui, sans droit, a pris mon nom, et s'en sert de façon à me causer un préjudice. Dans le premier cas je devrai établir que mon acte de naissance a été mal rédigé. Dans le second cas je devrai établir ou que mon adversaire ne porte point mon nom dans son acte de naissance, ce qui est une simple constatation facile à faire, ou qu'il le porte dans son acte de naissance, mais que c'est à tort, et qu'il a exploité ce vice en connaissance de cause. Ecartons de suite ce second cas évidemment moins pratique et qui d'ailleurs, au point de vue du raisonnement, rentre absolument dans le premier. Je réclame donc un nom autre que celui que me donne mon acte naissance, certains auteurs voient là une question de propriété, j'aurai occasion de revenir sur cette opinion ; mais dans tous les cas il est certain que j'agirai par la voie de la rectification des actes de l'état civil ; s'il y a une question de propriété à trancher le tribunal la tranchera, mais il aboutira toujours à ordonner une rectification de mon acte de naissance.

Remarquons d'abord que celui qui réclame un nom différent de celui porté dans son acte de naissance n'a pas à procéder par l'inscription de faux. Tout le monde s'accorde en effet à reconnaître que les mentions des actes de l'état civil qui doivent être combattues par l'inscription de faux sont uniquement celles qui émanent de l'officier de l'état civil ; celles qu'il ne fait que reproduire d'après les déclarations qui lui sont faites peuvent être combattues par la procédure ordinaire.

Il s'agit donc de prouver que le nom qui figure dans mon acte de naissance n'est pas celui qui devait y figurer. Quel est donc celui qui devait y figurer? Si je m'appelle X d'après mon acte de naissance, aurais-je le droit d'obtenir une rectification en démontrant pièces en main que mes ancêtres s'appelaient Y au XVIIe siècle? Voilà la question.

Si on admet que l'usage est impuissant d'une manière absolue à créer un nom, il faut la résoudre par l'affirmative. Mais la négative me semble bien préférable et par plusieurs motifs. Le tribunal de la Seine les a indiqués dans un jugement du 26 novembre 1869 (D. 1870, III, 25) où nous lisons :

« Attendu que lorsqu'il s'agit de possession de nom et d'armoiries, la possession elle-même *forme* le titre, suivant l'axiome de Dumoulin, *vim habet constituti, non dicitur præscriptio, sed titulus,* et que le parlement de Paris jugeait que la possession centenaire *créait* le titre (1). »

---

(1) Voir dans le même sens un arrêt de la Cour de Riom du 18 janvier 1865.

On peut d'abord dire qu'il est désirable qu'il ne se produise pas dans les noms des mutations continuelles qui augmentent la confusion au lieu de l'empêcher ; en définitive, ce n'est pas l'intérêt seul du réclamant qui est en jeu, c'est avant tout l'intérêt public, et l'intérêt public est opposée aux mutations de noms. Or c'est bien d'une mutation de nom qu'il s'agit ici ; je demande à reprendre le seul nom sous lequel j'aurais dû être connu, cela est vrai ; mais en fait, cette demande a pour objet de me faire quitter un nom sous lequel je suis connu pour m'en faire prendre un autre sous lequel je ne le suis pas, bien qu'il soit très légitime. C'est là un résultat certainement peu avantageux au point de vue de l'intérêt public.

Mais je reviens même sur la concession que je faisais, et je me demande si l'on peut dire que le nom réclamé soit réellement légitime. On pourrait le dire s'il y avait dans notre histoire une époque à laquelle la loi eut conféré expressément à chaque individu un nom ; alors en établissant sa généalogie jusqu'à cette époque, toute personne pourrait demander à porter son nom légitime. Mais il n'en est pas ainsi (1); et

---

(1) On ne peut même pas dire, comme le font, pour tourner la difficulté, certains auteurs, qu'il existe pour chaque famille un moment précis où elle a fait choix d'un nom ; non pas, peut-être, qu'elle ait manifesté sa volonté d'une manière explicite, mais parce qu'en acceptant officiellement l'usage établi, en se servant du nom qu'on lui attribuait, elle a consacré ce choix. Cette théorie est ingé-

dans l'impossibilité où je suis de remonter jusqu'à l'origine de mon nom, je ne vois aucune raison pour m'appeler Y comme au XVIIe siècle plutôt que de m'appeler X comme le porte mon acte de naissance. Car je prouve bien que ma famille s'appelait X au XVIIe siècle, mais je ne prouve pas qu'elle ne s'appelait pas Z au XVe. Il est même certain que ma famille ne s'est pas toujours appelé Y, on invoque donc en somme contre un usage actuel un titre ancien ; mais ce titre ancien n'est pas un véritable titre, il n'est lui-même que la preuve d'un usage plus ancien, car à l'inverse de ce qui se passe habituellement, en matière de nom, ce n'est pas l'usage qui fait présumer le titre, c'est le titre qui prouve l'usage ; pourquoi donc préférer un usage à un autre, surtout quand cette préférence aura pour effet de bouleverser l'ordre de choses établi ? Les partisans de l'opinion que nous combattons ne raisonnent-ils pas un peu comme ces personnes qui soutiennent toujours dans un pays la dernière dynastie détronée sous prétexte qu'elle était légitime ; sans doute elle l'était, mais avant elle il y en avait une autre qui ne l'était pas moins et il n'y a aucune raison pour s'arrêter aux intermédiaires ; il faut remonter à l'origine si on le peut, ou s'en tenir à ce qui existe quand on ne le peut pas.

---

nieuse, mais on ne voit pas comment, l'usage ayant changé et la famille ayant manifesté sa volonté d'accepter le nouvel usage, son ancien nom devra lui être conservé malgré elle-même. Cette explication ne résout donc rien.

Ce système ne revient pas à dire que l'on ne peut jamais demander à porter un nom autre que celui qui figure dans l'acte de naissance. Rien de plus conforme à la loi que d'autoriser un enfant à prouver que son père ou son grand'père portaient un autre nom. (Je suppose bien entendu que les actes de naissance de ces derniers ne sont pas représentés, car ce sont alors ces actes qu'il faudrait d'abord rectifier, et la question serait reportée). Il peut donc parfaitement y avoir lieu à une rectification d'acte de l'état civil dans ce système; seulement au lieu d'autoriser une rectification fondée sur l'usage le plus ancien qu'on puisse rencontrer en remontant le cours des siècles, il n'autorise la rectification que lorsqu'elle se fonde sur une possession relativement récente, et il ne l'autorise pas lorsque l'acte attaqué se trouve en conformité avec une possession actuelle et présentant des caractères suffisants de durée et de notoriété.

A défaut de textes, il appartient évidemment aux tribunaux de décider quand il y a possession suffisante soit pour que l'acte soit attaquable, soit pour qu'il ne le soit plus. C'est une des lacunes les plus regrettables de la loi, mais les tribunaux y ont pourvu en adoptant comme règle presque invariable sur ce point la possession centenaire. Pour savoir par conséquent quel est le véritable nom d'un individu, il faut donc d'abord établir sa généalogie aussi loin qu'on le peut ; il faut ensuite chercher si un même nom a été porté au moins cent ans par ses

ancêtres en commençant par lui et en remontant toujours : le premier nom qu'on rencontre réunissant
ces conditions doit être réputé le nom véritable, sans
qu'il soit besoin de chercher si on trouverait, en remontant plus haut, un autre nom réunissant les
mêmes conditions. Bien entendu le terme de cent
ans n'est pas un terme absolu, il n'est cité ici qu'à
titre d'exemple, et parce qu'il constitue aux yeux de
tous une durée raisonnable; mais il va sans dire
qu'un tribunal serait parfaitement libre de réputer
le nom acquis par une durée moindre.

Il n'y a pas, avons-nous dit, à rechercher si en
montant encore plus haut dans la généalogie du
réclamant on trouverait un autre nom, et la raison
en est bien simple : c'est que si on remontait encore
plus haut, on trouverait toujours et nécessairement
un autre nom. Cela résulte de ce fait que dans notre
législation il n'y a pas eu une époque à laquelle la loi
ait conféré à tous les individus un nom fixe. Si par
hypothèse on pouvait reconstituer la généalogie
complète d'un individu en partant de lui, on passerait d'abord par un certain nombre de noms ou de
surnoms portés pendant un long temps; puis on
arriverait à l'époque très incertaine où les noms sont
devenus chez nous héréditaires. Certains auteurs la
placent vers l'an 1000 (1). On passerait ensuite par une

____

(1) Opinion du conseiller d'État Miot, séance du 1er germinal an
VIII.

série de prénoms individuels et on arriverait enfin à l'origine du monde, en sorte qu'il n'y aurait en réalité qu'un seul nom véritablement légitime et que tout homme aurait le droit de porter, c'est celui que les Arabes expriment d'une façon si pittoresque et si juste par le mot de Ben-Adam, c'est-à-dire homme. Je sais bien que les généalogistes les plus consciencieux n'arriveraient pas si haut, mais cela vient précisément à l'appui de tout ce qui précède, à savoir que tout nom est nécessairement arbitraire, et que dans l'arbitraire il vaut mieux s'en tenir à ce qui est près de nous, qu'à ce qui en est éloigné. Sans compter qu'au point de vue pratique la théorie que nous combattons a précisément le même inconvénient qu'elle reproche à la nôtre, à savoir de laisser tout individu libre dans une certaine mesure de choisir son nom; car l'hypothèse posée est celle d'une rectification d'acte de l'état civil et le réclamant est armé de sa généalogie qu'il a reconstituée sans doute avec peine et qu'il est assurément le seul à connaître: tout au moins il en a seul la preuve. Dès lors qui l'empêche de choisir entre les différents noms qu'ont porté ses ancêtres ? Il s'arrêtera à celui qu'il voudra porter et déclarera qu'il lui a été impossible de remonter plus haut : force sera bien de lui adjuger ses conclusions.

L'objection qu'on fait à notre système consiste à dire qu'il aboutit à autoriser des changements de nom et cela en investissant la possession d'un effet acquisitif qui a pour résultat de mettre le nom dans le commerce. Tout le monde convient en effet qu'on ne peut pas vendre ou échanger son nom, mais on arrivera par la possession au même but. Cette objection est embarrassante pour quiconque soutient que le nom est une propriété à propos de laquelle on peut avoir une action en revendication; il est évident que si mon nom est un bien imprescriptible et que tout en me défendant de le céder à mon voisin on autorise celui-ci à l'acquérir par une longue possession contre laquelle je n'aurai pas protesté, il est difficile de soutenir qu'il n'y ait pas là l'équivalent d'une vente. Au lieu de me faire payer le nom lui-même, je recevrai le prix de mon inaction pendant le temps voulu pour que mon voisin ait acquis et le résultat sera identique. Mais si le nom n'est pas une propriété, l'objection disparaît d'elle-même. La réponse est indiquée : le contrat dont on nous parle est impossible parce que je n'ai pas pu renoncer à un droit que je n'ai pas; or je n'ai pas le droit de revendiquer mon nom; mon voisin est libre de le porter à condition qu'il ne me cause pas de préjudice, et s'il arrive à le faire passer dans les actes de l'état civil, si lui et ses héritiers le portent un temps suffisant il l'aura acquis que je le veuille ou non. Il n'y aura pas eu d'aliénation ni directement ni indirectement; le nom ne sera pas mis dans le commerce par la raison que pour qu'une chose soit mise dans le commerce il faut qu'elle soit ce qu'on appelle un bien et que le nom ne réunît pas les qualités voulues pour être un bien.

On nous dit, il est vrai, que dans tous les cas il y
aura au moins un changement de nom prohibé par
la loi, mais il faut bien observer que ce qui est prohibé par la loi c'est un changement subit et essentiel-
lement volontaire, ce n'est pas le changement lent qui
procède du temps et de l'usage et au cours duquel
l'individu intéressé reste passif. Car dans notre hypothèse il n'y aura pas eu d'un côté un droit concédé et de l'autre un droit acquis, il y aura eu un
fait contre lequel aucun raisonnement ne peut prévaloir, c'est l'usage.

Il n'y a donc là rien qui ressemble à une prescription ; je mets même de côté la condition du laps de
temps, j'accorde que le laps de temps déterminé par
la loi, qui n'existe pas ici, n'est pas de l'essence de
de la prescription ; ce n'est donc pas sur l'absence de
ce laps de temps déterminé (absence d'ailleurs regrettable) qu'il faut se fonder pour déclarer qu'il n'y a
pas ici de prescription, c'est sur ce fait que nous
pouvons à la rigueur exercer une influence sur l'usage
mais que nous ne pouvons cependant pas le faire à
nous seuls, que nous sommes impuissants à nous
donner un nom. Ce sont les autres hommes qui nous
le donnent, c'est « tout le monde », et il y a des
noms assez ridicules pour qu'il soit bien certain
que ce ne sont pas les intéressés qui les ont choisis.
Tout donc, en matière de noms, répugne à l'idée de
prescription, et pour terminer sur ce point il suffit de
faire remarquer que la prescription suppose un titre,

qu'elle n'est jamais qu'une présomption, présomption qui n'admet pas la preuve contraire, mais qui de sa nature suppose un titre conforme : or en matière de noms, cette possession sur laquelle se fonde l'acquisition du nom est si peu une prescription que loin de supposer un titre conforme elle répugne absolument à l'idée d'un titre quelconque et suppose forcément une possession antérieure et contraire, comme il a été démontré plus haut.

Il reste à démontrer que les textes confirment cette manière de voir ou plutôt ne la contredisent pas, car en cette matière il serait difficile de trouver quelque part des textes précis. On prétend argumenter de la loi de fructidor an II combinée avec le Code civil, la loi de l'an II défendant de porter d'autres noms que ceux exprimés dans l'acte de naissance, et le Code civil décidant d'autre part que l'acte de naissance de l'enfant porte le nom du père. Donc, dit-on, l'usage est impuissant à modifier un acte de l'état civil ; on pourra toujours obtenir une rectification en produisant un acte antérieur et on ne pourra jamais en obtenir sans cet acte. Mais nous répondrons que c'est mal interpréter la loi du 6 fructidor an II qui, elle-même, dans son art. 2, admet la légalité des surnoms portés « jusqu'ici » dit-elle ; c'est supposer qu'il y a eu des surnoms qui n'ont pas été portés « jusqu'ici », en d'autres termes c'est supposer qu'il y a eu des surnoms légalement portés et que l'usage a pu faire valablement disparaître. Et si l'usage a pu faire perdre un surnom ou un nom (car il n'y a aucune raison pour distinguer), comme on ne perd pas un nom sans en acquérir un autre, la loi de fructidor admet implicitement que l'usage a pu créer des noms.

Il est vrai qu'elle prend des dispositions pour que ce fait ne se renouvelle plus, mais si malgré ses dispositions le fait se produit, si une personne parvient à glisser dans l'acte de naissance de son enfant un autre nom que le sien, si cet enfant porte toute sa vie le nom que lui donne cet acte de naissance, si tout le monde le connaît sous ce nom, si enfin pendant plusieurs générations ce nom passe pour le véritable nom de la famille, nous ne sommes certainement plus dans les prévisions de la loi de l'an II et elle ne pourrait être invoquée par un descendant quelconque de cet individu demandant à reprendre le nom qui régulièrement aurait dû figurer dans son état civil.

§ II.

Conditions de l'acquisition de noms par l'usage. —
Quelle preuve doit être faite.

Toute personne qui réclame un nom autre que celui que lui donne son acte de naissancee, avonsnous dit, devra prouver deux choses : 1° que ses ancêtres ont porté pendant un temps suffisamment long le nom qu'il réclame ; 2° qu'il ne s'est pas écoulé depuis la perte de ce nom un temps suffisamment long pour en faire acquérir un autre.

Ces deux propositions amèneront les tribunaux à décider un certain nombre de questions qui n'en peuvent être séparées. Il y aura d'abord une question de filiation, puisque le réclamant devra établir sa généalogie, et il n'y a sur ce point qu'à s'en référer aux règles du Code civil en matière de filiation. La seconde question sera celle de savoir quel est le temps suffisamment long pour donner droit à un nom.

On ne peut suppléer ici au silence de la loi qu'en laissant le juge absolument libre de dire quand, à son avis, il y a possession suffisante. Le juge devra ensuite examiner par quels moyens la preuve de la possession est faite.

Je laisse de côté, bien entendu, le cas où on produirait un titre conférant un certain nom à un individu, une ordonnance royale par exemple; à quelque époque que cet acte remonte, dès qu'il y a titre émané de l'autorité compétente pour conférer les noms, il faut s'incliner, on est en présence du véritable nom contre lequel une possession aussi longue qu'on le voudra, n'a pu créer aucun droit. Mais remarquons bien que nous faisons cette réserve uniquement pour un titre relatif à la *collation* d'un nom; nous pouvons l'étendre à tous les actes authentiques postérieurs qui contiendraient la preuve de la collation de ce nom mais non pas à des titres qui, réunissant d'ailleurs toutes les conditions possibles d'authenticité, se borneraient à reconnaître officiellement l'existence d'un nom sans indiquer s'il a été *conféré* par l'autorité compétente; ces titres, simplement affirmatifs d'un usage que nous avons le droit de combattre avec un autre usage, pourront être assez fréquents, tandis que les titres relatifs à la collation d'un nom seront certainement très rares.

A défaut de titre authentique conférant un nom, on prouvera par tous les moyens possibles le fait de la possession. On pourra d'abord produire des actes de l'état civil ancien, des registres de fonctionnaires publics même des papiers de famille, des écrits privés, des généalogies pourvu que leur date ne puisse être suspectée; enfin il faudra surtout qu'une longue suite d'actes quelconques établisse bien le fait de la possession, un acte isolé pouvant être le résultat d'une erreur. Aucune règle précise ne peut d'ailleurs être formulée, l'appréciation du juge dans de semblables questions devant rester absolument libre.

Il est cependant un dernier point sur lequel cette appréciation n'est pas libre : alors même que le fait de la possession est établi de la façon la plus formelle, alors même que le juge estime que cette possession a duré un temps suffisant, il doit encore se demander si cette possession ne s'est pas produite contrairement à la loi; sans doute comme il s'agit ici d'apprécier des faits accomplis sous l'ancien régime, on peut ne pas se montrer aussi rigoureux qu'on le serait aujourd'hui sur l'application de la règle qu'un usage ne peut abroger une loi, mais encore faut-il que l'usage invoqué ait été un usage général, solidement établi et sur lequel aucun doute ne puisse exister. Aussi supposons qu'aujourd'hui un adopté ne prenne pas dans les actes de l'état civil, comme dans ses actes privés le nom de l'adoptant; que ce vice se perpétue pendant plusieurs générations, et qu'enfin un descendant de cet adopté demande un jour la rectification de son acte de naissance en ce qu'il ne contient pas à tort, le nom de l'adoptant d'un de ses ancêtres : il est hors de doute qu'il faudra lui adjuger sa demande sans qu'on puisse lui opposer qu'un usage, même fort long, lui a conféré le nom qu'il porte sans adjonction. Ce raisonnement, avec les tempéraments nécessités par les différences de législation, va trouver son application dans un certain nombre de cas.

Il se peut en effet qu'on réclame actuellement un nom porté avant 1789 ; cette réclamation sera fréquente dans l'opinion de ceux qui pensent qu'un nom n'a pu être valablement modifié par le temps; elle est encore possible même dans notre système, car étant admis qu'il faut au moins cent ans pour valider une modification, cent ans ne sont pas encore écoulés depuis la Révolution. Il peut de plus se présenter des cas dans lesquels il faille remonter bien au-delà : si une même famille a porté successivement plusieurs noms sans qu'aucun ait été porté assez longtemps pour qu'on puisse le considérer comme acquis. Dans toutes ces hyppothèses, il ne faudra jamais oublier qu'il y a certains noms qui ont pu être portés sous l'ancien régime, et qui cependant ni d'après les ordonnances, ni d'après les usages généraux n'auraient dû être portés. Dès lors, on ne peut pas les réclamer aujourd'hui. C'est ce qui se présentera fréquemment lorsqu'il s'agira de ces noms vulgairement désignés par le mot de noms terriens.

On sait en effet que c'était un usage général, sous l'ancien régime, d'ajouter à son nom de famille les noms des terres qu'on possédait. C'est l'ensemble de cette désignation (sauf des distinctions que nous retrouverons plus loin) qui composait le nom. Or, d'après la plupart des auteurs, il y avait des cas où cet usage était licite et d'autres où il ne l'était pas. Il faudra donc soigneusement distinguer ces cas. L'usage était légal chaque fois qu'un individu ajoutait à son nom le nom d'une fief qu'il possédait, soit que cet individu fût noble ou non. Cet individu s'appelait soit « un tel *de* tel lieu », soit « un tel seigneur ou sieur de tel lieu ». On a contesté, il est vrai, la légalité de cette coutume; on a allégué les ordonnances de 1555 et de 1629, mais il semble bien démontré et universellement admis aujourd'hui que c'était à bon droit que tout propriétaire de fief ajoutait le nom de sa terre à son nom personnel. Tout au moins, si les ordonnances de 1555 et 1629 prohibent ce fait, ce qui est contesté, il faut convenir qu'elles sont tombées en désuétude rapidement, au point que les légistes de l'ancien droit admettent eux-mêmes qu'elles ne peuvent être invoquées.

Au contraire l'ancien droit a toujours protesté contre l'adjonction au nom de famille d'un nom de terre non noble.

Il faudra donc toujours rechercher si le nom de terre dont l'adjonction est demandée est le nom d'une terre qui avant la Révolution était une terre noble; si c'était une terre noble, l'usage invoqué était légal, si ce n'était pas une terre noble, il doit être considéré comme un fait de possession isolé, n'ayant pu prévaloir contre les dispositions des ordonnances et l'esprit des anciennes coutumes et n'ayant par conséquent créé aucun droit.

§ III.

Dans quelle forme et par qui la preuve doit être faite.

Les rectifications sont demandées conformément au droit commun par les intéressés, c'est-à-dire par la personne qui demande la rectification d'un acte la concernant, ou d'un acte qui ne lui est pas personnel, mais dont la rectification entraînera la rectification d'un autre acte qui lui est personnel. Ainsi un enfant pourra réclamer la rectification de l'acte de naissance de son père afin d'obtenir celle de son propre acte de naissance. Une doctrine que j'aurai à examiner plus loin soutient qu'il suffit pour pouvoir agir d'avoir un

« intérêt de famille » à la rectification; c'est là une conséquence de l'idée de co-propriété du nom que je repousse formellement.

Le demandeur en rectification présente une requête au président du tribunal au greffe duquel l'acte est déposé; le tribunal statue en chambre du conseil. Ce n'est qu'en cas d'appel que l'affaire doit être portée à l'audience publique. Il en serait autrement si la demande en rectification intéressait d'autres personnes que le demandeur : il devrait alors les assigner devant le tribunal suivant la procédure ordinaire et l'affaire serait jugée contradictoirement en audience publique. Quant aux effets du jugement de rectification, ils sont connus, il suffit de les rappeler rapidement : l'acte attaqué ne doit pas être modifié, mais le jugement doit être littéralement transcrit dans toutes les dispositions qui concernent cet acte, et aucune expédition n'en peut être délivrée qu'avec cette addition. Le jugement une fois rendu et passé en force de chose jugée donne à l'acte rectifié une fore probante qu'il n'avait pas auparavant : il ne peut plus être attaqué dans les parties sur lesquelles il a été statué.

Reste à examiner la question capitale de savoir si nous devons compter le ministère public parmi les personnes intéressées auxquelles l'action en rectification est ouverte. A première vue il semble que l'affirmative s'impose et c'est aussi en dernière analyse l'opinion qui me semble la plus juste, mais il ne faut pas se dissimuler que les arguments fournis par l'opinion adverse sont des plus sérieux. On fait observer en effet que dans une multitude de cas, des textes précis du Code civil confèrent au ministère public le droit d'initiative ; n'est-ce pas par là même lui refuser cette initiative dans tous les cas où la loi ne la lui confère pas, alors surtout que dans les dispositions concernant la rectification des actes de l'état civil, le Code prend soin de dire que l'action sera intentée par les intéressé, et s'empresse d'ajouter que le ministère pulic sera entendu en ses conclusions. Cette rédaction n'indique-t-elle pas que l'attention du législateur s'est bien portée sur les pouvoirs du ministère public et que c'est de propos délibéré qu'il a décidé que l'action serait intentée par les intéressés, c'est-à-dire par eux seuls, réservant seulement au ministère public le droit de conclure dans l'intérêt de la loi ?

Cet argument a certainement quelque force, aussi n'est-ce pas sur le Code civil qu'il faut s'appuyer pour soutenir l'initiative du ministère public ; si nous n'avions pas d'autres textes, peut-être faudrait-il la lui refuser. Je ne pense pas non plus qu'il faille chercher la source de cette initiative, comme on l'a fait, dans un avis du conseil d'État du 12 brumaire an XI ; cet avis, bien qu'il ait force de loi, est rédigé en termes parfaitement obscurs et dont on peut tirer argument des deux côtés ; au surplus, il est antérieur à la promulgation du Code et ne peut prévaloir contre lui.

Nous trouvons dans une loi postérieure au Code civil, la loi du 26 avril 1810, le fondement de l'initiative du ministère public. Cette loi porte, en effet : « En matière civile, le ministère public agit d'office dans les cas spécifiés par la loi ; — il surveille l'exécution des lois, des arrêts, des jugements ; il poursuit d'office cette exécution dans les cas qui intéressent l'ordre public. » Cet article contient-il oui ou non une innovation sur le Code civil, voilà toute la question. Or, comment admettre que le deuxième alinéa de cet article ne soit pas aussi étendu que possible? Quels sont donc ces cas qui intéressent l'ordre public, sinon des cas non prévus dans le premier alinéa? Car si c'étaient les mêmes cas qui sont « spécifiés par la loi », il eut été bien inutile d'ajouter dans cet article un deuxième alinéa pour reproduire presque textuellement le premier. La vérité, c'est que le législateur a entendu d'abord rappeler purement et simplement les dispositions existant déjà et conférant au ministère public un droit d'action, et il a voulu ensuite lui donner de plus le même droit d'action dans tous les cas non spécifiés par la loi et intéressant l'ordre public : le deuxième alinéa est extensif du premier.

Cette interprétation s'impose d'ailleurs, dès qu'on se reporte aux circonstances dans lesquelles la loi a été votée. Les travaux préparatoires font absolument défaut, mais on sait qu'un premier projet de loi présenté au conseil d'État, le 29 novembre 1808, restreignait, par une disposition formelle, le droit d'agir du ministère public aux cas spécifiés par la loi. Cette rédaction ayant fait place, dans le projet définitif, à l'article 46 actuel, l'intention du législateur de ne pas s'en tenir aux cas spécifiés par la loi, apparaît bien manifeste.

Il faut ajouter que cette interprétation, qui donne au ministère public un large pouvoir, est bien conforme à l'esprit du temps. Personne n'ignore, en effet, que la première loi moderne s'occupant du ministère public, la loi de 1790, avait diminué outre mesure le pouvoir des représentants de l'autorité centrale ; à cette époque, le législateur encore inexpérimenté et dominé d'ailleurs par la crainte des abus dont le pays avait souffert pendant tant de siècles, enserre le pouvoir royal dans des limites si restreintes que le fonctionnement même de la Constitution en devient difficile. Puis, l'expérience croissant avec le temps, on s'aperçoit des erreurs commises, on comprend la nécessité de ne pas désarmer le pouvoir ; cette tendance s'accuse avec le Code civil qui innove largement sur la législation de 1790 ; elle s'accuse encore sous la pression du gouvernement impérial et la loi de 1810 vient très naturellement innover encore sur le Code civil.

On peut remarquer de plus que la loi de 1810 a été faite après que plusieurs faits scandaleux venaient d'émouvoir l'opinion publique et avaient attiré l'attention du législateur sur l'état fâcheux d'inaction forcée dans lequel la loi laissait le ministère public en face d'actes auxquels il fallait lui permettre de s'opposer. Il s'agissait d'autoriser le ministère public à poursuivre d'office le maintien d'un mariage, qu'à l'aide de manœuvres frauduleuses on avait fait annuler. On n'était pas dans un des cas spécifiés par la loi, le ministère public était désarmé : il est naturel qu'on ait cherché à élargir les cas dans lesquels le ministère public a l'initiative de l'action, et tel a été certainement le but de la loi de 1810.

Le meilleur argument qu'on fasse valoir contre cette doctrine consiste à dire que depuis 1810, différentes lois sont survenues qui ont attribué par une disposition expresse au ministère public le droit d'action dans des cas où l'ordre public est certainement intéressé : preuve, dit-on, que dans la pensée du législateur le ministère public n'aurait pas eu ce droit d'agir sans ces dispositions, et que par conséquent, d'après lui, la loi de 1810 n'a pas la portée qu'on lui prête. A cela, on ne peut répondre qu'une chose, c'est que si le législateur avait l'intention de donner une interprétation dans un sens ou dans l'autre, il fallait qu'il la donnât d'une façon précise, et qu'il ne peut être permis de l'induire de dispositions qui peuvent parfaitement n'être que des redondances. Ce qui est certain, c'est que la jurisprudence, à l'époque où ces lois ont été rendues (1838, 1844), appliquait restrictivement la loi de 1810 ; le législateur, comme il l'a fait dans bien d'autres cas, n'a pas pris sur lui de trancher la question, il a accepté la jurisprudence d'alors telle qu'elle était, et comme il voulait donner au ministère public un pouvoir que cette jurisprudence lui refusait, il a pris soin de le dire. Aujourd'hui que cette jurisprudence a complètement changé, l'argument ne porte plus.

Il est donc bien établi que le ministère public a droit d'agir d'office en rectification d'actes de l'état civil, à l'effet de faire reprendre à tout individu son véritable nom. Ce point, très secondaire pour ceux qui admettent l'existence au profit des particuliers d'une action en revendication ou en contestation de nom, est au contraire pour nous d'une extrême importance.

Il est en effet indiscutable que la stabilité des noms de famille doit être assurée de la façon la plus absolue, sans quoi les relations sociales sont profondément troublées, les confusions de personnes continuelles et préjudiciables à tout le monde. On a fait pendant la période révolutionnaire un essai qu'on ne sera certes pas tenté de recommencer. La loi du 24-26 brumaire an II, avait laissé les citoyens libres de se choisir un nom et de le changer par une simple déclaration faite à la municipalité : grâce à cette loi, les fantaisies les plus extraordinaires se donnèrent libre carrière, des désordres si fâcheux se produisirent dans l'état civil qu'on fut obligé de l'abroger au bout de quelques mois. Or les mêmes désordres se reproduiraient, ou du moins pourraient se reproduire, quoiqu'avec moins d'intensité, si on refusait au ministère public le droit de veiller à ce que chaque individu garde son véritable nom.

Il est bien vrai que tout individu lésé par l'usurpation de son nom commise par un autre, aura le droit d'agir ; mais, dans un grand nombre de cas, pareille usurpation ne lésera personne, et l'action ne pourra par conséquent être intentée par personne, si on désarme le ministère public. La doctrine qui admet la propriété de nom atténue dans une certaine mesure cet inconvénient, en admettant l'existence d'une action en contestation ou en revendication de nom ; elle s'en remet à la susceptibilité tracassière des particuliers du soin de faire respecter les règles de la transmission du nom, et il est certain qu'elle peut arriver ainsi à faire respecter à peu près la loi ; mais il me semble qu'en une matière toute d'ordre public, et où les particuliers sont la plupart du temps sans intérêt en tant que particuliers, c'est une singulière façon de procéder. N'est-il pas infiniment plus conforme aux intérêts généraux de confier au pouvoir public un droit de surveillance sur des actes qui intéressent l'ordre public ? Le droit d'action du ministère public, qui a sa base dans la loi de 1810, est donc une nécessité absolue et se trouve d'ailleurs pleinement justifié, tant par le texte que par l'esprit de la loi.

CHAPITRE III.

DES CHANGEMENTS DE NOM.

Le principe de notre législation est que la fixité étant essentielle à la bonne tenue de l'état civil, on doit prendre les plus grandes précautions pour éviter des changements de nom qui viendraient bouleverser l'état civil : en principe donc, le nom est indélébile. Les particuliers ont un nom fixe dont la transmission est régie par des lois positives et qu'ils ne peuvent altérer ou laisser altérer à leur gré. Mais, comme il y a des nécessités pratiques dont toute bonne loi doit tenir compte, on a, pour ces cas exceptionnels, établi une autorité compétente pour autoriser un citoyen à abandonner le nom qu'il a porté jusqu'ici et à en prendre un autre.

De tout temps, le droit de donner cette autorisation a été considéré comme une attribution régalienne, mais il faut bien distinguer cependant sur ce point l'état de choses antérieur à la Révolution et les principes modernes. Avant la Révolution, le droit d'autoriser les changements de nom dérivait de la toute puissance royale et il en résultait que le roi avait non seulement le droit d'autoriser un changement de nom, mais même d'en imposer un. Nous savons en effet que la famille de l'assassin d'un roi était obligée de changer de nom (discours du conseiller Miot, séance du 1ᵉʳ germinal an VIII). Ce droit d'imposer un changement de nom doit encore exister, et il est passé, comme tous les droits, des mains du pouvoir royal aux mains du pouvoir législatif; à coup sûr, il n'est pas désirable que ce pouvoir en use, mais s'il en usait, la loi qu'il rendrait ne serait pas à mon sens inconstitutionnelle. Quant au droit d'autoriser les changements de nom sollicités par les particuliers, c'est une de ces attributions que le chef du pouvoir exécutif exerce comme par une délégation constitutionnelle du pouvoir législatif. Il ne s'agit donc plus ici du bon plaisir comme dans l'ancien régime, et le chef du pouvoir exécutif est tenu de se conformer à certaines règles dont l'étude demande quelques explications.

Les changements de nom autorisés par décret sont aujourd'hui très fréquents. Il n'en était pas de même sous l'ancien régime et voici pourquoi : c'est que la noblesse seule ou la haute bourgeoisie, par suite des idées du temps, apportait quelque soin à sa généalogie et surveillait ses droits ; il en résultait que le changement de nom se présentait la plupart du temps sous la forme de l'adjonction d'un nom de terre noble. Or il était profondément entré dans les mœurs que ce changement était de droit, qu'il n'était nullement besoin de le faire consacrer par l'autorité royale. Celle-ci essaya bien de réagir et on cite communément à cet égard les deux ordonnances de 1555, de 1629 dont il a été question dans le chapitre précédent. L'authenticité de la première a été contestée, et de plus, elle n'a jamais été enregistrée. Quant à la seconde, il faut observer qu'elle défend bien aux gentilshommes de signer de leur nom de terre, mais on a soutenu avec quelque apparence de raison qu'il fallait entendre ce texte en ce sens que les gentilshommes n'avaient pas le droit de signer de leur nom de terre seul, mais seulement de le joindre à leur nom de famille. Dans tous les cas, ni l'une ni l'autre de ces ordonnances ne fut obéie ; elles restèrent lettre morte devant un usage invétéré. C'est cet usage qui explique la rareté des demandes en changement de nom dans l'ancien droit.

Aujourd'hui il ne peut plus en être de même. Nos lois sont heureusement mieux obéies que les ordonnances de nos anciens rois, et depuis le décret du 6 fructidor an II, nul ne peut changer ou modifier son nom à sa fantaisie. Mais comme il fallait bien cependant se préoccuper de certaines situations où le changement de nom est absolument nécessaire, au lieu de laisser les particuliers libres d'apprécier l'opportunité de ce changement, comme on l'avait fait en l'an II (24 brumaire), on remit ce pouvoir entre les mains du chef de l'État par la loi du 11 germinal an XI, en ayant soin cependant de l'entourer de certaines garanties. Avant d'examiner en détail les questions auxquelles cette loi peut donner lieu, un exposé sommaire de la procédure est nécessaire.

La personne qui veut changer de nom doit adresser au garde des sceaux une requête indiquant les motifs du changement demandé ; cette requête est présentée par un référendaire au sceau. La demande est rendue publique par l'insertion dans le *Journal Officiel* et dans les journaux d'annonces légales de l'arrondissement où réside le pétitionnaire et de celui où il est né ; au bout de trois mois, le garde des sceaux transmet le dossier composé de la requête, l'acte de naissance, les avis du parquet, les pièces de publicité, les autorisations diverses à la section de législation du Conseil d'État. Le Conseil d'État donne son avis au garde des sceaux qui le soumet au chef de l'État sous forme de décret. Le chef de l'État n'est d'ailleurs pas tenu de se conformer à l'avis du Conseil d'État. Ce décret, ainsi rendu en forme des règlements d'administration publique, est inséré au *Bulletin des Lois* et un extrait en est publié dans le *Journal Officiel ;* mais le décret ne devient exécutoire qu'une année révolue après la date de cette insertion. Pendant cette année, les intéressés peuvent faire valoir leurs droits. Ils le feront en présentant une requête contre le décret inséré au *Bulletin des Lois ;* cette requête doit être signée d'un avocat au Conseil d'État et elle sera examinée non plus par la section de législation, mais par celle du contentieux et à la suite de cet examen un décret de révocation sera rendu s'il y a lieu.

Examinons maintenant quels motifs justifient un changement de nom et quels sont les droits des tiers.

I.

Motifs d'une demande en changement de nom.

Les motifs d'une demande en changement de nom sont nécessairement très variables et il est impossible d'en donner une énumération même énonciative; on ne peut que citer des exemples de nature à faire comprendre dans quel ordre d'idées ces motifs peuvent être puisés. Il importe de faire remarquer que le conseil d'État devra nécessairement tenir compte de mœurs et de préjugés qu'on doit répudier comme jurisconsulte ou comme philosophe, mais dont l'existence est indéniable; ainsi tel individu se trouve hors des conditions voulues par la loi pour adopter, il n'a pas de postérité et ce serait pour lui un immense chagrin de songer qu'après sa mort son nom ne sera plus porté par personne; bien que ce soit là un pur préjugé, le conseil d'État peut très bien y trouver un motif suffisant pour permettre à la personne désignée par cet individu de porter son nom. De même encore, supposons qu'un des grands noms de notre histoire ne soit plus porté par personne : bien qu'au point de vue purement moral, ce nom doive être tout aussi respecté à l'état de souvenir que s'il était réellement porté par quelqu'un, le chef de l'État pourrait cependant, si l'opinion publique se prononçait en ce sens, autoriser un citoyen à joindre ce nom au sien s'il s'en était rendu digne par des services rendus au pays : dans toutes ces matières où l'on n'est plus dirigé par aucun principe de droit, il faut bannir toute rigueur philosophique et se plier absolument aux mœurs du temps. De même encore si un citoyen porte le même nom qu'un malfaiteur connu, il puisera dans cette similitude de nom le droit de demander à en changer : philosophiquement rien n'est plus faux, car un malfaiteur connu étant nécessairement poursuivi ou condamné, le seul fait qu'on porte son nom au vu et au su de tout le monde empêche évidemment toute confusion possible, à plus forte raison quand le malfaiteur a été mis à mort : tout ce que le public peut croire, c'est que celui qui porte son nom appartient à la même famille et cela ne peut en rien influer sur la valeur morale de cette personne. Cependant, en fait, le vulgaire ayant une répulsion pour la famille d'un malfaiteur comme pour le malfaiteur lui-même, il est parfaitement juste dans ce cas d'autoriser le changement de nom. Enfin, très souvent la demande en changement de nom sera très suffisamment motivée par ce fait que, le nom porté jusqu'alors par le demandeur, l'expose à la risée publique. Il ne faut pas oublier en effet que ce ne sont pas les hommes qui ont choisi leur nom, c'est l'usage qui le leur a donné : de là la multitude de surnoms tirés de professions, d'habitudes, de qualités ou de difformités physiques ou morales qui sont à la longue devenus des noms de famille

sans que les intéressés soient parvenus à s'en débar-
rasser. Cette multitude de surnoms est caractéris-
tique en France bien plus qu'ailleurs, où l'esprit
gaulois de nos pères s'est donné libre carrière dans
la formation des noms les plus bizarres et souvent
les plus comiques qui se puissent imaginer. Nul
doute que la personne affligée d'un de ces noms
qu'on ne peut entendre prononcer sans sourire n'ait
un motif très légitime d'en demander le changement.

Une dernière question se pose : c'est celle de savoir
si lorsqu'un testateur impose à son légataire l'obligation de prendre son nom à peine de déchéance du
legs, il y a lieu d'autoriser ce légataire à porter ce
nom. Cette autorisation doit être refusée, dit-on, par
cette raison que le testateur a mis à son legs une
condition impossible et contraire aux lois qui doit
être réputée non écrite; le légataire ayant donc le droit
d'appréhender son legs sans obéir à la condition, le
changement de nom est pour lui sans intérêt. Ce n'est
pas, on le voit, une question de nom, c'est une question de legs qui s'agite ici : cependant, il est facile
de voir que cette argumentation pèche par la base, il
est bien évident que la condition serait illicite si le
testateur avait entendu dire que son légataire devait
porter son nom sans en demander l'autorisation au
gouvernement, mais dire que le legs sera nul si le
légataire ne prend pas le nom du *de cujus*, c'est simplement dire que le légataire devra se pourvoir con-

formément aux lois pour obtenir le droit de le prendre, et que s'il n'obtient pas cette autorisation, il sera
déchu. On a peine à voir en quoi cette condition serait
impossible ou contraire aux lois ; elle n'est pas impossible, puisque le gouvernement peut donner l'autorisation ; elle n'est pas contraire aux lois puisque
si, en principe, le légataire n'a pas le droit de prendre
le nom du *de cujus*, sous certaines conditions, il peut
obtenir ce droit. C'est simplement une condition
mixte dépendant à la fois du légataire et du gouvernement, et qui devra être exécutée. Dans ce cas, il
est manifeste que l'intérêt du demandeur suffira à
motiver le changement de nom et que le chef de l'É-
tat devra presque toujours l'accorder.

Il est nécessaire de bien distinguer en cette matière le rôle des tribunaux civils et celui du Conseil
d'Etat. Il peut arriver en effet qu'une personne se
croie en droit de porter un nom autre que celui que
mentionne son acte de naissance, elle peut évidemment s'adresser immédiatement aux tribunaux pour
faire rectifier cet acte, mais la procédure va être longue et coûteuse ; les généalogies qu'elle produit vont
être examinées minutieusement et peut-être finale-
ment sa demande sera-t-elle rejetée parce que ces
généalogies ne seront pas suffisamment explicites ou
authentiques. Alors, au lieu d'engager cette instance
au civil, elle demandera simplement au chef de l'État,
comme une grâce, l'autorisation de porter ce nom
auquel elle a réellement droit. Mais supposons qu'un

tiers forme opposition à cette demande en alléguant
que son intérêt va être lésé par l'autorisation si elle
est accordée, que devra faire le Conseil d'Etat? On a
soutenu que dans ce cas il devait renvoyer les parties
devant les tribunaux civils et surseoir à statuer jusqu'à leur décision. Mais cette opinion ne me semble
pas soutenable; puisqu'on s'est adressé au Conseil
d'Etat en demandant une grâce, qu'a-t-il besoin de
savoir si cette grâce est en même temps un droit?
L'opinion qui veut que le Conseil d'État réserve sa
décision part de ce principe faux qu'il y a là une
question de propriété en jeu et en tire cette conséquence qui n'est même pas logique : car admettons
pour un instant cette idée de propriété; je demande
au Conseil d'État de me conférer un certain nom, un
tiers intervient en soutenant que ce nom est sa propriété, cela empêche-t-il nécessairement le Conseil
d'État d'accueillir ma demande? Est-ce que plusieurs
personnes ne peuvent pas porter le même nom ? Si
on veut me renvoyer devant les tribunaux civils, on
ne peut pas me forcer à soutenir ma prétention; je ne
parlerai pas de ma prétendue propriété; je soutien-
drai simplement que mon adversaire n'avait pas d'intérêt à faire opposition et c'est précisément la question que le Conseil d'État doit trancher, nous retom-
bons purement et simplement dans la question examinée plus haut. Le Conseil d'État n'a donc jamais
à examiner si le demandeur peut avoir la prétention
légitime d'obtenir judiciairement la grâce qu'il sol-

licite; c'est une grâce qu'on sollicite, le Conseil d'État est libre de l'accorder ou de la refuser, il n'y a pas place pour l'intervention des tribunaux civils.

II.

Droit des tiers.

Nous avons vu que dans la procédure en changement de nom il y a deux périodes d'inaction : le garde des sceaux attend d'abord trois mois avant de transmettre le dossier au Conseil d'État; puis, quand le décret est inséré au *Bulletin des Lois*, on doit attendre un an après cette insertion avant de faire usage de ce décret. Le but de ces deux dispositions est de permettre aux tiers qui se trouveraient lésés par le changement de nom de faire valoir leurs droits. Mais il faut bien distinguer selon que l'opposition est adressée au garde des sceaux pendant la première période ou au Conseil d'État pendant la seconde. Dans le premier cas, l'opposition faite par le tiers intéressé n'est qu'un simple renseignement, une réclamation dont le garde des sceaux et le Conseil d'État peuvent ne tenir aucun compte et à laquelle il ne sera pas répondu. Au contraire, l'opposition faite pendant l'année qui suit l'insertion au *Bulletin des Lois* oblige le Conseil d'État à délibérer au contentieux et à rendre une décision motivée. Ces principes sont aujourd'hui reconnus par la jurisprudence, mais il est cependant utile d'y insister parce qu'ils ont été contestés. Tout le monde est d'accord sur l'effet de l'opposition faite pendant la seconde période ; mais on a soutenu que lorsque le garde des sceaux recevait une opposition dans les trois mois qui précèdent le renvoi de la demande au Conseil d'État, il doit arrêter l'affaire jusqu'à ce que mainlevée amiable au judiciaire de cette opposition lui ait été donnée. En d'autres termes celui qui demande à changer de nom, aussitôt qu'il a reçu avis de l'opposition, devrait assigner l'opposant devant les tribunaux civils pour en faire prononcer la mainlevée. Ce système se fonde sur un arrêté ministériel du 25 juin 1828 qui dit qu'en cas d'opposition remise au garde des sceaux, il doit être sursis à toute instruction jusqu'à ce qu'il ait été statué sur cette opposition en *justice réglée*. Cet arrêté semble bien consacrer en effet le système que nous combattons, car il faut traduire les mots : justice réglée par ceux de tribunaux civils, sans quoi l'arrêté n'a plus aucun sens ; si ces expressions visaient le Conseil d'État, l'arrêté signifierait que le garde des sceaux, en cas d'opposition, différera la transmission des pièces au Conseil d'État jusqu'à ce que le Conseil d'État ait statué sur l'opposition. Évidemment il s'agit donc des tribunaux civils.

Mais, il n'y a qu'une chose à répondre, c'est que cet arrêté ministériel, comme beaucoup d'autres, du reste, étant manifestement contraire à la loi, ne doit être pris en aucune considération.

Quelle sera, en effet, la question à débattre au tribunal civil devant lequel la demande en mainlevée va être portée? de quoi va se plaindre le demandeur? On a dit qu'il se plaindrait du préjudice que lui cause l'opposition; mais s'il trouve ce préjudice dans le fait que sa demande en changement de nom est arrêtée provisoirement, on lui répondra que c'est là, aux termes de l'arrêté sus-énoncé un préjudice légal dont il ne peut pas se plaindre; et s'il se plaint du préjudice que va lui causer cette opposition dans l'esprit du garde des sceaux et des conseillers d'État, on lui répondra qu'il préjuge leur décision et qu'il se plaint d'un dommage problématique. Ce qui sera agité devant le tribunal civil, ce sera donc, en réalité, la question de fond, la question de savoir si l'opposition est fondée ou non. Voilà la vérité. Mais alors que devient la loi de germinal an XI qui crée précisément en cette matière la compétence du Conseil d'État? Que le tribunal civil donne mainlevée de l'opposition, cela ne privera évidemment pas l'opposant de réclamer à nouveau devant le Conseil d'État au contentieux, dans l'année qui suivra l'insertion du décret au *Bulletin des lois*. Le Conseil d'État délibérera donc et rendra une décision exactement sur la même question qui a déjà été résolue par le tribunal civil entre les mêmes personnes. Opposera-t-on la chose jugée? Alors la loi de germinal n'est plus obéie dans une de ses dispositions, puisqu'on prive l'opposant du droit qu'elle lui reconnaît de porter la ques-

tion litigieuse devant le Conseil d'État. Ne l'opposera-
t-on pas? Alors on peut aboutir à un conflit. Est-ce
là le vœu de la loi? La seule solution juridique est
donc de décider avec la Cour de cassation (9 avril 1872)
que l'opposition faite entre les mains du garde des
sceaux n'a que la valeur d'un simple renseignement.
Cela ne préjudicie en rien aux droits de l'opposant,
qui pourra toujours, une fois le décret rendu, faire
trancher la question au contentieux.

Il arrive souvent, qu'en présence d'une opposition
et pour concilier tous les intérêts, le gouvernement,
au lieu de maintenir purement et simplement son
décret ou de le révoquer entièrement, le modifie de
façon à donner satisfaction au réclamant; ainsi une
personne demande à changer son nom X en un
autre V. Une personne qui porte le nom de V fait
valoir qu'il y a dans la cause des raisons spéciales
de pas accorder ce nom au demandeur, le Conseil
d'État juge ces raisons valables et décide que le demandeur s'appellera Z. On a fait remarquer, avec
quelque raison, qu'il s'agit ici d'une décision conten-
tieuse et que, par conséquent, le Conseil d'État ne
peut pas adjuger au demandeur autre chose que ses
conclusions. La procédure qu'il suit a évidemment
l'avantage d'être expéditive, mais il semblerait cependant plus régulier de révoquer purement et simplement le décret rendu, sauf au réclamant à introduire une nouvelle demande tendant à obtenir le
droit de s'appeler Z.

Il nous reste à examiner quels sont les tiers qui ont le droit de s'opposer à un changement de nom. La plus grande liberté d'appréciation devra être ici laissée au Conseil d'État, puisqu'il s'agit d'un intérêt à apprécier en fait; on ne peut poser que quelques principes très généraux et susceptibles de nombreuses exceptions. L'un de ces principes, qui est tout négatif, c'est que le fait par une personne de porter le nom qu'une autre demande au Conseil d'État de lui accorder ne suffit pas pour obliger le Conseil d'État à rejeter la demande (1). Ce qu'il faut

---

(1) *Sic*, Conseil d'État, 6 août 1861. « Il n'y a pas lieu d'accueillir l'opposition formée à un décret autorisant l'addition d'un nom de terre, lorsque l'opposant, en possession d'un nom semblable ne justifie pas que l'autorisation lui cause préjudice. » Même doctrine, Conseil d'État, 16 juillet 1880.

On lit dans une autre décision du Conseil d'État du 10 avril 1860 que « quoique le gouvernement ait accordé à certains descendants d'un ancien seigneur le droit de prendre le nom que celui-ci avait ajouté de fait avant 1789 à son nom patronymique, cette autorisation ne leur confère pas la propriété exclusive du nom, et n'empêche pas que l'empereur puisse conférer le même nom à d'autres descendants de la *même famille*. » Le principe posé par le Conseil d'État est certainement juste, à condition qu'on ne prenne pas les deux derniers mots pour une restriction que rien ne justifierait. Le chef de l'État pent conférer le nom d'une famille à des membres d'une autre famille, pourvu que les membres de la première famille ne subissent pas de préjudice. C'est donc à tort à notre avis que le commentateur de cette décision dans le recueil de Dalloz dit : « Que cette propriété (du nom) confère le droit de s'opposer à ce que le même nom soit conféré à d'autres sauf deux exceptions : 1° lorsqu'il s'agit de noms tellement répandus qu'ils sont en quelque sorte tombés dans *le domaine public ;* 2° dans l'hypothèse de l'arrêt ci-dessus, quand il s'agit des membres de la même famille.

considérer, c'est la question de savoir si l'autorisation donnée de porter ce nom va causer un préjudice à ceux qui le portent déjà ; or, ceci dépend de beaucoup de circonstances fort délicates à apprécier et notamment de l'honorabilité des deux personnes en cause. Il faut encore examiner s'il s'agit d'un nom très répandu ou très rare, si l'opposant se trouve dans une situation sociale offrant des analogies avec celle du demandeur, de telle sorte que la confusion puisse facilement s'établir entre eux : toutes questions de fait. Un autre principe dont on ne devra pas s'écarter autant que possible, c'est qu'on devra presque toujours révoquer l'autorisation accordée lorsqu'elle entraînerait un changement de nom pour une personne qui ne l'a pas demandé et qui en souffrirait. Il est, en effet, généralement admis, bien que cette solution nous paraisse critiquable, que lorsqu'un père de famille change de nom, le changement s'impose de plein droit à ses enfants.

Ceux-ci, dans ce système, n'ont donc qu'un moyen de s'opposer à ce que leur nom leur soit enlevé, c'est de s'opposer au changement demandé par leur père. Lorsqu'ils useront de ce droit, il faudra évidemment prendre leur opposition en grande considération ; il peut se faire, en effet, que ces enfants soient déjà âgés, qu'ils soient déjà connus dans certains milieux, on peut supposer qu'ils ont 30 ans, 40 ans. Dans ces cas, leur imposer un changement de nom qu'ils n'ont pas demandé serait les léser gravement. Même lorsque ces enfants ne sont pas parvenus à l'âge d'homme, il faudra encore examiner si on ne va pas leur imposer un nom qui leur nuira dans l'avenir : car il peut arriver (et ceci n'est pas seulement une hypothèse) qu'un homme portant un nom très simple tienne, par une vanité singulièrement placée, à y ajouter un autre nom parfaitement grotesque, mais précédé de la particule dite nobiliaire ; que le Conseil d'Etat consente à cette fantaisie, rien de mieux si elle ne lèse personne ; mais si cet homme a des enfants, ils ont bien le droit de ne pas vouloir être ridiculisés dans le monde par le fait de leur père. Si cependant celui-ci prouvait qu'un intérêt impérieux l'oblige à demander ce nom, comme par exemple s'il était la condition d'un legs, alors un dernier recours resterait à la famille lésée ; une fois le nom accordé, les enfants du concessionnaire introduiront à leur tour une demande en changement de nom afin de reprendre le nom que leur père vient de quitter.

Une fois l'autorisation accordée et validée par le délai d'un an écoulé depuis l'insertion au *Bulletin des Lois*, le changement de nom doit produire son effet sur tous les actes de l'état civil du concessionnaire et de ses descendants. Il y a donc lieu pour eux de produire en justice le décret qui a été rendu et de demander aux tribunaux civils la rectification de ces actes : il n'y a plus alors lieu qu'à une constatation de fait, les tribunaux n'ont à se livrer à aucune autre appréciation.

Mais est-ce se livrer à une appréciation prohibée que d'examiner si le décret qu'on demande au tribunal d'exécuter a été rendu dans les formes voulues par la loi? Cette question a été résolue affirmativement dans une affaire célèbre, l'affaire Montmorency c. de Talleyrand-Périgord (D. 66.349). L'Empereur avait concédé de sa propre volonté le titre de duc de Montmorency au comte de Talleyrand-Périgord. La famille de Montmorency se plaignit devant les tribunaux ordinaires, attendu que les mots de Montmorency étaient devenus son nom patronymique; qu'en conséquence pour donner à M. de Talleyrand-Périgord le droit de porter ce nom, l'Empereur devait se conformer aux formalités de la loi de germinal an XI. Je n'ai pas à examiner ici la question de fond, elle a été résolue d'ailleurs contrairement à la prétention des Montmorency par le Conseil d'Etat qui a décidé qu'il y avait là non pas un nom patronymique mais un titre de noblesse et que par conséquent la loi de germinal an XI n'était pas applicable, toute latitude étant laissée au chef du pouvoir pour la collation des titres de noblesse. Mais en la forme, M. de Talleyrand-Périgord opposa devant le tribunal civil et la Cour l'incompétence, attendu qu'il s'agissait d'apprécier un acte du pouvoir, et le tribunal et la Cour se déclarèrent incompétents. Il faut reconnaître que cette décision était fondée en droit, et il est difficile, en présence du principe de la séparation des pouvoirs, d'attribuer compétence aux tribunaux civils en pareille matière. La seule question qu'on puisse se poser, mais ce n'est pas l'interprète qu'elle concerne, c'est celle de savoir si les abus auxquels ce principe a donné lieu, si les iniquités qu'il a couvertes sous tous les régimes, ne réclament pas l'intervention du législateur pour en modérer les applications ; on est amené à se demander si les auteurs de la Révolution qui nous ont donné ce principe comme un bienfait dont malgré tout nous devons leur être profondément reconnaissants n'auraient pas hésité s'ils avaient pu prévoir quel usage nous en ferions.

CHAPITRE IV.

TRANSMISSION DE NOM.

Nous avons épuisé avec la matière des changements de nom le seul texte qui s'occupe avec quelque suite du nom de famille, la loi du 11 germinal, an XI. S'il est une question cependant qui eût mérité d'être tranchée par des règles précises, c'est la question de la transmission de nom, la plus intéressante de toutes celles qui se rattachent à cet ordre d'idées. Force nous est bien d'essayer de trouver dans les principes généraux implicitement reconnus par la loi un guide que le législateur nous a refusé.

Le principe de la matière est celui-ci : le nom est un signe extérieur imposé par la loi et qui sert à distinguer les hommes entre eux en rappelant le trait principal de leur état civil, c'est-à-dire leur filiation. Je me suis déjà expliqué sur l'importance de cette définition ; elle comporte une idée essentielle et une idée accessoire. L'idée essentielle, c'est que le nom est un signe extérieur servant à distinguer les hommes ; l'idée accessoire, c'est que le moyen employé pour l'usage et la loi pour atteindre ce but, n'est pas de donner à chaque homme un nom unique et individuel, comme il semble à première vue qu'on eût dû logiquement le faire ; c'est de leur donner, au contraire, un nom commun à plusieurs, mais à plusieurs se trouvant dans certaines conditions. Si par exemple, deux individus s'appellent Pierre, la confusion est possible entre eux, et c'est ce qui arriverait dans le système du nom individuel; mais que l'un s'appelle Pierre-fils-de-Paul, et l'autre Pierre-fils-de-Louis, la confusion devient impossible. Plus simplement, le premier s'appellera Paul comme son père, l'autre Louis comme son père et la confusion restera impossible entre les deux individus. Il est vrai que si l'on s'en tenait là, la confusion se produirait alors d'une part entre les descendants de Paul et d'autre part entre les descendants de Louis ; mais c'est alors le rôle du prénom ou du surnom de faire disparaître cette confusion, et l'œuvre de classification se trouevra ainsi complétée. Voilà donc l'explication du nom de famille, telle qu'elle nous est historiquement attestée. Un individu qui s'appelait Pierre, s'est appelé Pierre-fils-de-Paul, puis tout simplement Paul. Quelle conséquence tirer de ce fait? C'est que le nom est actuellement la constatation vivante de la filiation; ce qui distingue un homme de son voisin, c'est son état civil et cet état civil, dans une de ses parties les plus importantes, est rendu public par le nom ; le nom est un abrégé de l'acte de naissance. Dire : je me nomme un tel, je suis fils d'un tel, c'est énoncer deux propositions absolument identiques.

Voilà l'idée générale que nous devons appliquer partout où nous ne trouverons pas de texte qui la confirme ou la restreigne. Nous aurons à examiner la transmission du nom du mari à la femme et du père aux enfants, soit légitimes, soit naturels, soit adoptifs.

D'abord, en ce qui concerne la transmission du mari à la femme, il importe de faire une remarque : c'est que s'il est dans les usages du monde de désigner la femme par le seul nom du mari, cet usage ne s'est pas introduit d'une manière formelle dans les actes publics. Un notaire ne désigne jamais dans ses actes une femme mariée par le nom de son mari, il ajoute seulement à titre de renseignement « épouse de un tel ». Cette manière de procéder n'a d'ailleurs aucun inconvénient, et si nous discutons ici cette question c'est au point de vue théorique, car dans la pratique, le résultat ne sera pas sensiblement différent, quelque solution qu'on adopte. Que des officiers ministériels n'aient pas cru pouvoir, dans le silence des textes adopter un usage du monde comme une règle légale, rien de mieux. En examinant cependant de plus près la question, on arrive à la conviction que l'usage du monde est bien en conformité avec les principes, tout en paraissant à première vue y déroger. Il ne s'agit plus ici sans doute de rappeler par le nom la filiation, mais cette exception est pleinement justifiée, car si le nom rappelle la filiation comme le trait essentiel de l'état civil, on conçoit bien qu'accidentellement il puisse et doive rappeler le mariage qui en est aussi un trait essentiel. Le mariage est un fait assez important dans la vie d'une personne pour qu'il soit fort utile que ce fait soit constaté publiquement, que la personne mariée porte pour ainsi dire le signe de mariage avec elle de façon que personne ne puisse s'y tromper.

Des moralistes se sont souvent élevés contre cet usage, croyant peut-être qu'une loi bien faite pourrait, dans certains cas, y déroger; mais c'est là une erreur. Nous avons vu récemmeut un auteur dramatique de grand talent mettre dans la bouche d'un de ses [personnages une amère récrimination contre la loi ou l'usage qui le force, lui, honnête homme à voir son nom traîné dans la boue par une femme sans pudeur. A coup sûr, cette situation est digne d'intérêt et il semble à première vue tout naturel qu'un mari interdise à sa femme vivant dans la débauche, de porter son nom. Mais il n'y a là qu'une illusion. De même que le fils en prenant le nom de son père ne fait que porter à la connaissance de tous un fait indéniable, puisque l'acte de naissance est là pour prouver sa filiation, de même la femme qui prend le nom du mari ne fait que porter à la connaissance de tous son mariage, fait non moins indéniable. Pour un fils porter le nom de son père c'est donner lecture de son acte de naissance, pour une femme, porter le nom de son mari c'est publier son acte de mariage; la naissance de l'un, le mariage de l'autre sont des faits matériels, constatés, que tout le monde a le droit de publier, et il est clair par conséquent que le mari n'a et ne doit avoir dans une bonne législation, aucun moyen d'empêcher sa femme de porter son nom. Aussi la conclusion logique de cette critique mise sur le théâtre dans la pièce à laquelle je faisais allusion, ce n'est pas qu'on devrait permettre aux maris trompés d'interdire leur nom à leur femme, c'est qu'on devrait empêcher les maris trompés d'être ridicules. C'est aussi ce que pensait Sganarelle.

> C'est un vilain abus, et les gens de police
> Nous devraient bien régler une telle injustice.

Mais Sganarelle, quoique plein de bon sens, n'a pas eu raison contre le préjugé. L'autre conclusion qu'on pourrait encore tirer de cette critique c'est que pour empêcher une femme de porter le nom de son mari il faut adopter le divorce.

Cette question a précisément fait l'objet d'une discussion à la Chambre des députés dans la séance du 15 juin 1882, et chose curieuse, la majorité a d'abord été d'avis que le divorce lui-même n'aurait pas pour effet de permettre à un mari d'empêcher sa femme divorcée de continuer à porter son nom. Un amendement de M. Larochefoucauld-Bisaccia demandant qu'il fût expressément dit dans la loi rétablissant le divorce que la femme divorcée ne pourrait porter le nom de son mari fut pris en considération ; il est vrai que cet amendement a été voté par un certain nombre de députés qui le considéraient comme inutile, mais beaucoup d'autres au contraire pensaient avec son auteur que faute de cet amendement, la femme même divorcée, et à bien plus forte raison la femme non divorcée, aurait un droit absolu au nom de son ancien mari.

Je n'insiste pas sur cet incident parlementaire, parce que le surlendemain même, la Chambre repoussait l'amendement Larochefoucauld, mais, malgré les paroles du rapporteur, il est permis de croire que l'opinion moyenne a bien été exprimée par l'un des orateurs qui prirent part à la discussion, M. Bovier-Lapierre, quand il disait : « Quelle est la situation qui donne à la femme le droit de porter le nom de son mari, c'est la situation qui résulte du mariage. Lorsqu'une jeune fille se marie, elle reçoit en *vertu du mariage le nom* de son mari. »

Cette solution est rationnelle ; l'officier de l'état civil qui reçoit un acte doit veiller avant tout à ce qu'il n'y ait aucune erreur sur l'identité des personnes désignées dans l'acte, et le nom du mari donné à la femme ne peut être qu'utile à cette désignation ; les officiers ministériels, dit-on, ne manquent pas d'insérer ce nom à titre de renseignement. Mais est-ce que précisément tous les noms ne sont pas donnés à titre de renseignement? La seule désignation voulue par la loi et non pas seulement par l'usage, ce sont les prénoms ; tout ce qu'on y ajoute, ce sont des renseignements, et dès lors le fait du mariage étant important à connaître tout comme la filiation, il est conforme au vœu de la loi que la femme porte le nom du mari. Il n'y a pas besoin, pour appuyer cette solution de faire intervenir des idées surannées ; de rappeler la famille ancienne dans laquelle le mari avait sous sa puissance sa femme et ses enfants ; c'est là une conception que la loi ne connaît plus, nous avons donné plus haut les motifs qui semblent devoir faire adopter cette opinion, il est inutile d'y revenir. La jurisprudence est assez incertaine ; elle consacre bien le principe que la femme prend le nom du mari en vertu d'un usage social auquel elle doit se soumettre, mais elle n'affirme pas nettement que cet usage doive être considéré comme ayant force de loi (Cass., 16 mars 1841, D. 1841. 1. 210).

Arrivons à la transmission du nom se produisant du père aux enfants. Étant donné le principe que le nom constate la filiation, il est de toute évidence qu'il doit la constater aussi bien à l'égard de la mère qu'à l'égard du père. La conséquence logique, c'est qu'en matière de filiation légitime, pour ne nous occuper d'abord que de celle-là, l'enfant devrait porter non-seulement le nom de son père, mais encore celui de sa mère, si l'on admet que le mariage n'a pas fait perdre à cette dernière son nom de fille. Cette conséquence complètement contraire aux usages, est repoussée tout naturellement dans le système qui admet que la femme perd son nom par le mariage, car alors l'enfant se trouvant issu de deux personnes qui ont le même nom, la question ne se pose même pas. Il faut au contraire, dans l'autre système avoir recours à une argumentation moins simple. On observe que si la loi ne défend pas formellement de porter le nom de sa mère, son silence doit être interprété comme une prohibition, parce que la solution contraire se heurterait à des difficultés de pratique que l'usage a bien comprises et que la loi n'a certainement pas voulu affronter. Si en effet, il avait plu aux hommes de porter le nom de leur père et celui de leur mère cumulativement, le nombre des noms de chaque personne doublerait à chaque génération, en sorte qu'à l'époque où nous vivons, l'état civil d'un individu prendrait les proportions d'un dictionnaire. Un tel système n'est admissible qu'autant qu'une loi positive vient limiter d'une façon rigoureuse le nombre des noms auquel on doit s'arrêter. On comprendrait très bien qu'une loi vînt décider qu'on ne pourra porter les noms de tels ou tels de ses grands parents; une réglementation, quelle qu'elle soit, est absolument indispensable, et l'absence de cette règlementation équivaut à une prohibition. L'usage constant est que chaque individu porte le nom de son père, jamais celui de sa mère; on peut dire que cet usage est une règle légale à laquelle on ne pourrait désobéir.

Que décider à l'égard des enfants naturels? L'usage est le même en matière de filiation naturelle qu'en matière de filiation légitime; mais les particuliers ne pourraient-il pas ici déroger à l'usage? Nous donnerons sans hésiter une réponse affirmative, elle découle tout naturellement des principes posés plus haut. Examinons les divers cas qui pourront se présenter.

S'il s'agit d'abord d'un enfant naturel non reconnu, il ne pourra porter que des prénoms; puisqu'en effet par une fiction de la loi il se trouve n'avoir ni père ni mère, il ne peut être question pour lui de nom de famille. La seule question qu'on puisse se poser est celle-ci : quand cet enfant naturel aura lui-même des enfants, quel nom porteront-ils? La réponse est qu'ils porteront comme nom de famille le ou les prénoms de leur père; ils devront même porter à ce titre tous les prénoms de leur père, sans distinguer, et non pas seulement le prénom par lequel on le désigne habituellemet. Cette solution nous paraît incontestable (1).

S'il s'agit d'un enfant reconnu par son père seul, il portera le nom de son père; par sa mère seule, il portera le nom de sa mère. Toutes ces règles sont admises par un usage constant et dérivent des principes posés. Mais qu'adviendra-t-il au cas où l'enfant est reconnu par son père et par sa mère? C'est alors

____

(1) Il est à présumer que parmi les prénoms existants actuellement comme noms de famille, un certain nombre ont été à l'origine des prénoms donnés à des enfants dont la filiation n'était pas constatée, et se sont ensuite transmis régulièrement en vertu de la règle que nous posons ici. Tels sont par exemple les noms de Constant, Robert, Henri, Guillaume, Vincent, Gervais, Léon, etc., très fréquents à l'état de noms de famille.

que la question se pose de savoir si, malgré l'usage
qui, en pareil cas, veut que l'enfant porte seulement
le nom de son père, cet enfant pourrait rompre avec
cet usage et choisir entre les deux noms, ou les porter
tous deux cumulativement. Il ne semble pas admissible qu'il puisse choisir, mais il semble, au contraire,
très raisonnable de décider qu'en pareil cas, l'enfant
naturel pourra et même devra porter les deux noms.
En effet, pour soutenir d'une façon juridique l'usage
établi dans ce cas, on est obligé de recourir à une
assimilation entre la filiation légitime et la filiation
naturelle. Mais ce raisonnement est doublement er-
roné; d'abord parce qu'on fait dépendre la question
du nom d'une question de famille qui n'a rien à voir
en cette matière; et ensuite parce qu'en admettant
même que le nom du père se transmette à l'enfant
préférablement à celui de la mère parce que le père
est le chef de la famille, il serait encore faux de
mettre sur la même ligne l'enfant né en mariage
légitime et l'enfant né hors mariage; qu'on fasse
l'assimilation au point de vue de la puissance paternelle rien de mieux, mais cela est inadmissible dès
qu'elle implique une question d'autorité maritale;
qu'on n'oublie pas, et je raisonne en me plaçant au
point de vue de mes adversaires, qu'en matière de
filiation légitime il n'y a qu'une famille celle qui est
formée par le père, la mère et l'enfant, tandis qu'en
matière de filiation naturelle il y en a deux : l'une
formée par le père et l'enfant, l'autre formée par la

mère et l'enfant ; mais entre ces deux famille, il n'y a aucun lien, le père et la mère sont étrangers l'un à l'autre, ils n'ont aucun rapport de droit, ils ne se doivent rien. Dans ces conditions il est impossible de raisonner autrement que de la façon suivante : le nom constate la filiation ; la filiation est établie vis-à-vis du père, l'enfant porte le nom du père, c'est la constatation d'un fait ; la filiation est établie vis-à-vis de la mère, l'enfant porte le nom de la mère, c'est la constatation d'un autre fait ; donc il portera les deux noms ; on ne peut appuyer d'aucune raison plausible la prétention qui tendrait à empêcher l'enfant de constater publiquement un fait que tout le monde connaît légalement, sous prétexte qu'il doit constater un autre fait : puisque la constatation de ce second fait n'est pas incompatible avec la constatation du premier, il serait absolument illogique d'empêcher l'enfant de les constater tous les deux.

Ajoutons qu'en pratique, lorsque l'enfant a été reconnu par sa mère seule et porte par conséquent son nom, il serait souvent injuste et dans tous les cas nuisible à l'intérêt public, de le forcer à changer de nom à cause d'une reconnaissance du père intervenue peut-être vingt ou trente ans plus tard ; je sais bien que dans ce cas l'enfant aura toujours la ressource de se pourvoir, afin d'être autorisé à quitter le nom de son père et à reprendre celui de sa mère, mais à quoi bon le forcer à recourir à cet expédient qui dépend du reste du bon plaisir du gouvernement ?

Concluons donc qu'en matière de filiation naturelle le principe que le nom constate la filiation reprend tout son empire; que ce principe est arrêté dans ses conséquences en matière de filiation légitime parce que la femme porte le nom de son mari, et qu'en portât-elle un autre, un usage presque légal s'opposerait à la transmission de ce nom; mais qu'au contraire l'usage seul empêche l'enfant naturel de porter le nom de son père et celui de sa mère cumulativement; que cet usage ne repose sur aucun fondement logique et peut être légitimement combattu.

Bien entendu toutes les fois qu'il s'agira d'un enfant naturel la question de nom restera subordonnée à la preuve de la filiation; il y a par suite une foule de controverses dans le détail desquelles nous n'avons pas à entrer. Telle est, par exemple, la question célèbre de savoir si la maternité peut être établie par possession d'état. On a soutenu que l'enfant naturel pouvait acquérir par possession d'état le nom de sa mère; il y a, ce semble, dans cette affirmation une confusion : si l'on admet que la possession d'état constitue un aveu tacite suffisant pour prouver la maternité, on sera évidemment conduit à admettre que le nom de la mère pourra être porté par l'enfant qui se trouve dans cette condition; mais ce n'est là qu'une conséquence indirecte de la possession d'état. Le nom constate uniquement la filiation, et ne peut par conséquent être porté que lorsque la filiation est établie; reste à savoir si la filiation est suffisamment établie par la possession d'état; on voit que c'est là une question de filiation et non une question de nom. Il faut en dire autant des enfants incestueux et adultérins dont la reconnaissance est prohibée par la loi; il est bien certain que ces enfants, lorsqu'ils se trouveront dans le cas où la filiation adultérine ou incestueuse est légalement prouvée (désaveu, annulation de mariage pour bigamie ou inceste) porteront le nom soit de leur mère, soit de leurs père et mère; mais auront-ils le droit de porter ces noms lorsqu'ils auront été simplement reconnus malgré les dispositions de la loi? Cela dépend de l'opinion qu'on adopte sur la valeur de cette reconnaissance; ceux qui soutiennent qu'elle est impuissante même à établir légalement la filiation et à donner des droits alimentaires aux enfants, décideront qu'elle ne peut leur conférer un nom; ceux qui admettent au contraire qu'elle prouve la filiation accorderont aux enfants les noms de leurs père et mère comme s'ils étaient des enfants naturels ordinaires.

Il nous reste à examiner ce qui arrive au cas d'adoption : c'est ici que nous rencontrons le seul texte du Code civil qui s'occupe formellement du nom. « L'adoption, dit l'art. 347, conférera le nom de l'adoptant à l'adopté en l'ajoutant au nom propre de ce dernier. »

On peut contester l'utilité de l'adoption en droit français, mais l'adoption étant admise, l'art. 347 en tire une conséquence parfaitement logique.

Puisque l'adoption doit imiter la nature, puisque aux yeux de tous l'adopté devient réellement le fils de l'adoptant, il est naturel qu'on retrouve dans son nom le signe de la filiation. Remarquons qu'il ne s'agit pas ici d'un usage, mais d'une règle formelle qui doit être obéie à la lettre. L'adopté ne pourrait pas quitter le nom qu'il portait jusque-là pour prendre uniquement le nom de l'adoptant, alors même que ce serait une des conditions de l'adoption. Il s'agit en effet d'une règle d'ordre public à laquelle les conventions particulières ne peuvent déroger : nous avons montré plus haut qu'il ne dépend pas d'un fils de porter ou de ne pas porter le nom de son père; ce nom étant la preuve de sa filiation, ne pas le porter serait nier un fait authentiquement attesté. Ce raisonnement doit même s'appliquer dans toute sa rigueur à l'hypothèse inverse; c'est le cas où l'adopté refuserait de joindre le nom de l'adoptant à son nom. Cette prétention, alors qu'elle se fonderait sur une clause formelle, alors même que l'adoptant y aurait consenti, devrait être repoussée dans tous les actes publics.

Mais faut-il aller plus loin, et décider que si malgré le vœu de la loi et le désir de l'adoptant, l'adopté ne prend pas son nom, il y a là une faute grave de nature à faire tomber l'adoption? Cette solution nous semblerait tout à fait extra-légale; qu'il y ait un fait d'ingratitude dans l'action de cet enfant, c'est possible, mais cela n'autorise pas le juge à introduire dans la loi des sanctions qui n'y sont pas.

On s'est demandé quelle influence exerce l'adoption sur le nom des enfants de l'adopté nés avant l'adoption. Nous pensons qu'il faut décider en principe, non seulement pour le cas d'adoption, mais en général pour tous les cas où un changement de nom a lieu, que ce changement n'influe pas sur le nom des enfants déjà nés de celui qui change ou modifie son nom, mais il ne faut pas se dissimuler qu'en l'absence de toute espèce de textes, en l'absence même de tout principe posé par la loi, les solutions vers lesquelles on peut incliner n'ont par le degré de certitude voulue pour s'imposer (1).

---

(1) Le Conseil d'État pense au contraire (avis du 12 janvier 1854) que les changements de nom du père influent sur le nom des enfants déjà nés. « Considérant, dit-il, que le nom du père se transmet de droit à ses enfants ; que si ce nom vient à être changé ou modifié dans les formes voulues par la loi, les enfants acquièrent par cela seul le droit de porter à l'avenir le nouveau nom de leur père. » On voit d'ailleurs que le Conseil d'État ne motive guère son opinion.

CHAPITRE V.

DES USURPATIONS DE NOM.

J'ai examiné au cours de cette étude les règles qui gouvernent l'acquisition, le changement et la transmission du nom; c'est tout ce que comporte cette matière, étant donné le point de départ adopté. Rejetant le principe du droit de propriété du nom, je ne devrais pas m'occuper des prétendues garanties de ce droit. Mais comme c'est présisément à propos de ces garanties que le question de la propriété du nom a surgi dans la pratique, il n'est pas inutile d'ajouter ici un chapitre de réfutation. J'examinerai donc en dernier lieu trois questions : 1° Y a-t-il un délit d'usurpation de nom ; 2° Y a-t-il une action en revendication de nom contre l'écrivain qui donne un nom réel à un personnage fictif ; 3° Y a-t-il une action en revendication de nom contre celui qui prend un pseudonyme.

I.

Prétendu délit d'usurpation de nom.

Remarquons d'abord que même si l'existence du délit d'usurpation de nom était établie, il n'en résulterait pas nécessairement que les particuliers auraient le droit d'agir en contestation ou en revendication de nom. Ce serait un surcroît de garantie donnée au ministère public pour lui permettre de faire respecter les règles des actes de l'état civil, ce serait une action purement pénale et dont le caractère serait d'autant plus élevé qu'elle ne se prêterait pas aux fantaisies des particuliers et serait uniquement confiée aux magistrats gardiens de l'état civil ; elle n'aurait rien de commun avec l'action de vol et ne supposerait pas le moins du monde la propriété du nom. Celà résulte surabondamment des textes mêmes sur lesquels on prétend fonder le délit d'usurpation du nom.

Mais ce délit existe-t-il ? S'il existe, il faut alors accuser les magistrats du parquet et les nombreux ministres de la Justice qui se sont succédés en France depuis plus d'un demi-siècle, d'une bien grande incurie : il y a un texte, — c'est ce point qui mérite d'être étudié, — ce texte n'aurait pas été abrogé et personne ne s'est jamais avisé de l'appliquer ? Le décret du 6 fructidor an II dit : art. 1ᵉʳ. « Aucun citoyen ne pourra porter de nom ni de prénoms autres que ceux exprimés dans son acte de naissance. » — Art. 3. « Ceux qui enfreindraient les dispositions des deux articles précédents seront condamnés à 6 mois d'emprisonnement et à une amende égale au 1/4 de leur revenu. La récidive sera punie de la dégradation civique. » Assurément ce texte est formel, nul ne peut le contester ; ce n'est pas par désuétude qu'il a pu être abrogé puisque tout le monde est d'accord que la désuétude ne peut abroger la loi. C'est donc un reproche bien grave que font au ministère public les partisans de la doctrine que nous combattons quand ils constatent que ce texte n'est jamais appliqué. Et chose singulière, il s'est trouvé, il se trouve tous les jours des cas où le ministère public se sentant désarmé cherche une formule qui lui permette d'agir et au lieu d'appliquer ce texte si net du décret de fructidor, il prend un détour compliqué pour arriver à appliquer à un prévenu une peine qu'il serait si simple de trouver dans le texte précité. Je veux parler du cas très fréquent où l'inculpé refuse de donner son nom et signe les procès-verbaux d'un nom réellement porté par un autre que lui, nom sous lequel il se laissera au besoin condamner. Voici le cas ou jamais d'appliquer le décret de fructidor. Que fait la jurisprudence? Elle laisse de côté ce décret et applique à l'inculpé les peines du faux. Or il est bien hardi de soutenir que le fait de prendre un nom autre que le sien et de signer de ce nom des pièces d'instruction criminelle constitue le crime de faux : il n'y a pas là altération de la vérité au sens strict de la loi, car il n'y a altération de la vérité qu'autant que l'altération porte sur le fait que l'acte incriminé avait pour but de constater; si nous prenons par exemple les procès-verbaux du juge d'instruction, l'altération de la vérité consistera non pas dans la signature, mais dans les fausses déclarations faites en réponse aux questions du juge : or

le droit de faire de fausses déclarations est incontestablement accordé à l'inculpé, sa défense est absolument libre. Il ne semble donc pas qu'il y ait là véritablement un faux, surtout si l'inculpé ignore que le
nom pris par lui est réellement porté par un autre
individu. Sans aller plus loin dans l'étude de cette
question (1), je me borne à constater que si depuis
nombre d'années les magistrats du parquet vont chercher si loin un texte qui leur permette d'agir quand
ils en ont un sous la main, c'est qu'ils pensent que le
texte du décret de fructidor an II n'est plus applicable. Ce n'est pas le non usage qui a pu l'abroger, c'est
donc une loi postérieure.

Cette loi me paraît être la loi du 23 mai 1858 qui
a rétabli l'article 259 du Code pénal dans les termes
suivants : « Sera puni d'une amende de 500 à 1000 fr.
quiconque sans droit et en vue de s'attribuer une distinction honorifique aura publiquement pris un titre,
changé, altéré ou *modifié* le nom que lui attribuent
les actes de l'État civil. » Nous examinerons plus
tard quelle est au juste la portée de cet article
en ce qui concerne les distinctions honorifiques dont
il parle. Mais actuellement il nous suffit de remarquer que les termes de cet article sont incompatibles
avec le maintien du décret de fructidor et l'abro-
gent par conséquent. En effet pour qu'il y ait délit,

---

(1) La Cour de cassation admet qu'il y a dans ce cas crime de faux.
Cass. 12 avril 1866 et 4 nov. 1873, D. 1855. I. 175, 1865. I. 94).

il faut d'après cet article 259 : 1° qu'il y ait changement, altération ou modification de nom; 2° que ce changement soit fait dans l'intention de s'attribuer une distinction honorifique. Ces deux conditions sont cumulatives, cela ne peut faire aucun doute, donc l'une d'elles seulement, c'est-à-dire le changement de nom sans l'intention de s'attribuer une distinction honorifique, ne suffirait pas pour qu'il y ait délit. Dira-t-on qu'il ne s'agit pas ici de deux conditions distinctes, mais en réalité de deux délits; premier délit, prise d'un faux nom; second délit, le seul prévu par l'article 259 actuel, prise d'un faux nom avec distinction honorifique? Mais alors l'intention de s'attribuer une distinction honorifique ne serait en réalité qu'une circonstance aggravante; cela est du reste parfaitement logique si on se réfère aux idées du législateur en cette matière, il est plus grave d'usurper le nom de Montmorency par exemple que d'usurper celui de Dupont. Mais s'il s'agit d'une circonstance aggravante, nous devons trouver une peine proportionnée à la gravité du délit. Or, tandis que le simple changement de nom serait puni de 6 mois de prison, d'après la loi de fructidor an II, le changement de nom avec intention de s'attribuer une distinction honorifique ne serait puni que d'une amende aux termes de l'article 259? La circonstance aggravante, quant à la nature du délit deviendrait une circonstance atténuante quant à la peine? Est-ce là un résultat logique?

Concluons donc que le ministère public n'a pas à sa disposition d'action pénale lui permettant de faire punir celui qui prend un nom autre que le sien. Mais ce n'est pas à dire que l'état civil soit pour cela à la discrétion des particuliers : il a été démontré plus haut que l'action en rectification d'actes de l'état civil étant toujours ouverte au ministère public, elle lui est ouverte dans les plus larges mesures, tant contre les actes de l'état civil et contre toutes les mentions qu'ils renferment que contre les actes authentiques reçus par les notaires. Investi de ce droit, le ministère public usant d'une surveillance rigoureuse pourra toujours arriver à empêcher le changement légal d'un nom. Quant aux dénominations de fantaisie que les particuliers peuvent prendre ou qui peuvent leur être attribuées par les personnes qui les entourent, du moment qu'elles n'arriveront pas à s'insinuer dans les actes publics, elles n'ont aucune importance; quand elles deviendront des éléments d'escroquerie (art. 405, C. P.)., le ministère public retrouvera ses pouvoirs. Tant qu'elles restent à l'état inoffensif d'un dénomination *privée*, elles ne peuvent préoccuper personne.

II.

Emploi d'un nom réel dans une œuvre littéraire.

Étant admis qu'il n'y a pas d'action pénale en matière d'usurpation de noms, examinons s'il existe une action civile en revendication ou en contestation de nom, et quels sont en cette matière les droits des particuliers. Un particulier dont le nom a été pris par un écrivain qui l'a donné à un personnage fictif d'une œuvre littéraire, peut-il exiger la suppression de ce nom ?

C'est ici surtout que s'est posée devant les tribunaux la grande question de la nature juridique du nom, et il faut avouer qu'il n'est pas facile de dire non seulement quelle est l'opinion de la jurisprudence, mais même, en prenant une décision isolée, quelle est l'opinion que dans cette décision les juges ont entendu adopter.

Un des documents les plus récents sur cette matière est un jugement du tribunal civil de la Seine, du 15 février 1882, et il me suffira de l'analyser pour montrer à quelles inconséquences on arrive si on n'est pas dirigé par un principe fixe.

Il s'agissait dans ce procès d'un honorable avocat qui demandait la suppression de son nom dans une œuvre du plus illustre romancier de l'école naturaliste. La thèse soutenue par le demandeur était un peu complexe ; il invoquait bien le principe de la propriété du nom, mais il se fondait surtout sur ce que le roman plaçant le personnage qui portait son nom dans un milieu de magistrats et d'avocats, une confusion s'établissait facilement dans l'esprit du lecteur. Il se plaignait donc en réalité moins de ce qu'on lui eut pris son nom que de ce qu'on lui eut emprunté sa *personnalité* pour la mettre en scène, en lui attribuant des vices contre lesquels la dignité de sa vie protestait d'ailleurs surabondamment.

Le tribunal avait donc à se prononcer sur une pure question de fait, la question de savoir s'il y avait ou non préjudice porté à la réputation du demandeur par l'emploi de son nom dans l'œuvre incriminée : c'était, si je puis employer cette expression, une question de diffamation moins la mauvaise foi. Le défendeur se plaçait naturellement à ce point de vue et se bornait à soutenir qu'en fait il n'y avait pas préjudice.

L'honorable organe du ministère public porta, au contraire, très nettement la question sur le terrain du droit pur, acceptant toutes les conséquences de sa doctrine et il demanda au tribunal de reconnaître que le nom patronymique est une propriété absolue, tellement absolue que tout homme, eut-il le nom le plus répandu du monde peut s'opposer à ce que ce nom soit imprimé n'importe où sans son consentement, alors même qu'il ne subirait aucun préjudice.

Ainsi, deux systèmes étaient en présence. Selon l'un, la personne dont on a emprunté le nom peut avoir une action lorsque l'œuvre porte préjudice à sa réputation ou à ses intérêts, pure question de fait; selon l'autre, le préjudice importe peu; il s'agit d'une question de propriété, d'une véritable action en revendication et non d'une action en dommages-intérêts. Il est évident que ces deux manières de voir sont exclusives l'une de l'autre; s'il s'agit d'une question de propriété, le juge n'a pas à s'inquiéter de savoir si le demandeur a intérêt à agir, car la formule « pas d'action sans intérêt » ne peut pas s'appliquer aux actions en revendication, ce principe, d'ailleurs évident, est exprimé par la Cour de cassation précisément en matière de nom dans un arrêt cité plus loin.

On peut, en fait, n'avoir aucun intérêt à réclamer sa propriété et si cependant on la réclame, le juge n'est pas libre de refuser de l'adjuger; le droit de propriété n'est certainement pas limité dans ce sens. Au contraire, si l'on n'allègue pas un droit de propriété, la règle « pas d'action sans intérêt » s'applique d'une façon absolue. Dans ces circonstances le tribunal rendit un jugement dont voici les principaux attendus : « Attendu que le nom patronymique constitue une propriété que chacun a droit de défendre contre toute atteinte dans la limite de ses intérêts; — que le demandeur a juste sujet de considérer la mise en action du personnage sus-énoncé comme susceptible de rendre son nom odieux ou ridicule; qu'il n'a pas droit seulement d'interdire la représentation de sa personne dans un roman ou une pièce de théâtre..... Attendu que la mesure prescrite resterait illusoire si elle devait se borner à une modification d'orthographe qui laisserait subsister la même consonnance..... »

Il me paraît impossible d'extraire de ce jugement une théorie logique. Admet-il la propriété du nom, la propriété absolue, telle que l'avait soutenue l'organe du ministère public? Alors comment comprendre la fin du premier attendu cité... « propriété que chacun a droit de défendre dans *la limite de ses intérêts?* » Quand donc a-t-on posé une pareille restriction au droit de propriété? Lorsque je revendique mon bien si minime qu'il soit, ne fut-ce qu'un pied de terre, le tribunal me demande-t-il si j'y ai un intérêt? On ne peut pas davantage, dans ce système, concilier le troisième attendu cité avec le premier. Il y est fait défense au défendeur de se servir du nom du demandeur ou même d'un nom qui, avec une orthographe différente, offrirait une consonnance analogue; mais s'il s'agit cependant d'un droit de propriété, il porte d'une manière absolue sur les lettres qui composent le nom, et sur l'ordre dans lequel elles sont placées, et il ne porte que sur cela; un changement d'orthographe suffit évidemment pour empêcher que le demandeur puisse soutenir qu'on a usé de son nom; on aura si peu usé de son nom que par le déplacement d'une seule lettre, on aura peut-être formé le nom d'une autre personne qui aura alors à son tour, mais qui aura à elle seule, une action fondée sur le droit de propriété du nom.

Et maintenant veut-on admettre que le tribunal a rejeté l'idée de propriété du nom et s'est fondé uniquement, sur la question de mise en scène d'une personnalité, sur la question de préjudice en un mot? Alors le deuxième paragraphe se trouve en contradiction flagrante avec tout le reste puisqu'il énonce le principe même de la propriété du nom et qu'il prend soin d'affirmer très clairement qu'on a le droit de défendre non seulement sa personnalité mais même son nom.

La véritable intention du tribunal paraît avoir été d'appliquer une théorie qui peut avoir son utilité pratique, qui permet de rendre des décisions équitables, mais que le tribunal ne pouvait cependant formuler parce que la formuler c'est la détruire. Cette théorie est celle que l'on énonce en disant que tout individu a sur son nom une propriété d'un « genre spécial ». Cette idée d'une propriété d'un genre spécial n'est malheureusement ni claire ni juridique. Le droit de propriété est bien nettement défini dans la loi et ne fut-il pas défini, tout le monde saurait encore ce que c'est : c'est le droit d'user, de jouir et de disposer d'une chose de la façon la plus absolue ; il n'y a pas place pour un genre spécial de propriété, on est propriétaire ou on ne l'est pas. J'entends bien que les choses qui sont susceptibles de propriété étant innombrables et différant entre elles de mille façons, il arrivera que par la force des choses, le droit d'user, de jouir et de disposer subira des modifications quant à son *exercice* à cause de la nature des biens sur lesquels il s'exercera, mais ces modifications dans la manière d'exercer un droit ne modifieront jamais la nature de ce droit, le droit de propriété restera toujours un, ce ne sera pas un genre spécial de propriété, ce sera le droit de propriété s'exerçant d'une manière spéciale. Or ici s'agit-il d'une modification dans l'exercice du droit de propriété ? Nullement ; l'action intentée est absolument semblable aux actions en revendication les plus ordinaires et ce n'est pas sur elle que porte la modification qu'on prétend soutenir, c'est bien sur la nature du droit, puisqu'on dit qu'il y a là une propriété que chacun a le droit de défendre dans la limite de son intérêt. Du reste les auteurs qui soutiennent cette théorie conviennent parfaitement que si le nom employé par un écrivain est un nom très connu, comme Dubois, Dupont, Durand, le prétendu propriétaire de ce nom ne pourra pas réclamer : cependant s'il y a là une véritable propriété, le mot Dubois, Dupont ou Durand est bien son nom, il y a analogie absolue avec l'espèce sus-énoncée. Si l'on donne des solutions différentes en se fondant sur ce que le nom est une propriété d'un genre spécial, il est de toute évidence qu'il faut entendre ces mots dans le sens d'une « nature spéciale » et non pas seulement dans le sens d'une propriété s'exerçant par des modes spéciaux. Or il me semble contraire à tous les principes juridiques de soutenir qu'il y a différentes natures de propriété. La loi n'en indique qu'une, c'est la nature de l'art. 544, il ne saurait y en avoir d'autre. Toutes les fois qu'on rencontrera un droit qui ne rentre pas dans les termes de cet article, il ne peut y avoir doute, ce droit n'est pas un droit de propriété. Se retranchera-t-on derrière les derniers mots de l'article : « sous les réserves des lois et réglements » ? Soit, mais alors il faudrait montrer une loi ou un réglement décidant d'une manière catégorique que l'on a le droit de défendre son nom seulement dans la *limite dé son intérêt*. Or cette loi n'existe pas, et tant qu'elle n'existera pas, il faudra se borner à soutenir que le nom est une propriété au sens de l'article 544 ou qu'il n'en est pas une.

Je crois avoir montré plus haut (Ch. Ier) que tout porte à admettre qu'il n'en est pas une. J'ajoute que cette théorie, bien qu'elle semble plus rigoureuse que l'autre, est au fond beaucoup plus juste, et permet d'arriver à des conséquences pratiques bien préférables. Elle a tous les avantages de la théorie adverse et n'en a pas les inconvénients. L'avantage, c'est en définitive que toute personne lésée par l'emploi de son nom puisse obtenir la suppression de ce nom. Or pour arriver à ce résultat, il n'y a pas besoin de recourir à l'idée de la propriété : que la personne qui se prétend lésée prouve le préjudice moral ou matériel dont elle se plaint et elle obtiendra justice en vertu du droit commun de l'article 1382. Il n'y a même pas besoin de supposer chez l'écrivain l'intention de nuire; s'il a choisi les noms de ses personnages sans mauvaise foi mais si maladroitement que tout le monde s'accorde à y voir une sorte de diffamation, les personnes dont il aura emprunté le nom auront le droit d'agir contre lui, obtiendront la suppression des noms employés et même des dommages-intérêts au besoin. Les avantages de cette théorie sont donc absolument les mêmes que ceux de la théorie adverse. Voyons maintenant les inconvénients.

Ces inconvénients sont véritablement monstrueux dans le système de la propriété du nom. Le premier est de permettre à toute personne de battre monnaie avec son nom aux dépens des hommes de lettres. Car il ne s'agit plus ici de prouver un préjudice ; n'y en eut-il aucun, si je suis exclusivement propriétaire de mon nom j'ai le droit incontestable de faire supprimer ce nom partout où je le rencontre ; le tribunal ne peut entrer dans aucune appréciation, il n'a qu'à constater ma propriété et à m'adjuger ma demande. Tout ce qu'il peut faire, c'est de me refuser des dommages-intérêts. Mais alors le défendeur, l'écrivain auquel cette suppression de nom va causer un préjudice très réel, n'a de son côté qu'une chose à faire, c'est de transiger ; et moyennant une somme inférieure à celle que lui ferait perdre la suppression du nom il obtiendra peut-être que son adversaire lui fasse grâce. Ce résultat est inique et immoral : il sera cependant très pratique avec le système de la propriété du nom. Voilà l'inconvénient si l'on se place au point de vue du littérateur. Mais il devient encore bien autrement grave si l'on se place au point de vue plus élevé de la littérature.

C'est un fait, contre lequel toutes les doléances du monde ne prévaudront pas, que la littérature accomplit en ce moment une évolution considérable. L'écrivain qui en d'autres temps s'appliquait à nous raconter ce que pensaient ses personnages, part aujourd'hui de ce principe qu'on ne voit les pensées de personne, et que par conséquent personne ne peut juger le caractère de son voisin qu'en étudiant minutieusement ses actes; il en résulte que le romancier au lieu de faire au public des confidences qu'il n'a jamais reçues, concentre toute son étude sur la façon d'agir de ses personnages laissant au lecteur le soin d'en induire les caractères; le roman se rapproche ainsi du théâtre, du vrai théâtre, c'est-à dire de celui sur lequel l'auteur ne paraît pas, ne raisonne pas, mais où les personnages se bornent à parler et à agir. Les caractères se déduisent ainsi d'une multitude d'actes très complexes, souvent contradictoires; le personnage allégorique disparaît, et c'est ce qu'on a exprimé fort justement en disant que la littérature « sortait du domaine de la métaphysique. » Qu'en résulte-t-il? C'est qu'autrefois, à un homme abstrait on pouvait donner un nom invraisemblable; aujourd'hui, on peint l'homme réel, ou plutôt on ne peint pas l'homme, on peint des hommes, l'esprit d'analyse a tout disséqué, l'abstrait n'existe plus en littérature. A cet homme réel, il faut donner un nom réel, l'un ne va pas sans l'autre. Nous ne supportons plus rien contre la vraisemblance, nous sommes affamés de vérité et nous serions choqués si au théâtre M. Perrichon s'appelait Oronte ou M. Poirier Chrysale.

L'écrivain est donc absolument forcé de chercher pour ses personnages, non pas des noms imaginaires et impossibles, mais des noms vraisemblables et pris dans le milieu où il place ses personnages. Il aura beau combiner toutes les lettres de l'alphabet de la façon la plus ingénieuse, comme il existe une variété infinie de noms, il retombera toujours, s'il veut rester vrai, dans une combinaison existant. Si bien que le plus simple pour lui est d'en prendre bravement son parti, et au lieu de se torturer l'esprit pour trouver des noms rares, de rechercher au contraire les noms les plus répandus, car les personnes qui les portent sont si habituées à des confusions inévitables, qu'elles ne songent plus à s'en plaindre.

Mais supposons cependant qu'un Dupont ou un Durand élève la prétention de faire supprimer son nom d'une œuvre littéraire, — et cette prétention surgira le jour où l'on saura qu'il y a un intérêt à le faire, — par quel expédient le tribunal saisi de l'affaire pourra-t-il refuser de lui donner gain de cause, s'il admet la théorie de la propriété du nom? Quel tribunal se chargera de dresser la liste des noms dont le littérateur peut user à côté de la liste

des noms qui lui sont défendus? On a parlé de
domaine public! Comment peut-on faire intervenir
dans une matière comme celle-ci des idées qui lui
sont si complètement étrangères! Si la propriété du
nom est un principe, il faut bien admettre que la
fréquence de mon nom ne m'empêche pas d'en être
aussi bien propriétaire que si j'étais seul à le porter;
mon nom est à moi d'abord; qu'il soit aussi à
d'autres, c'est possible, mais à coup sûr, il n'est pas
à tout le monde. Donc tout le monde n'a pas le droit
d'en user sans mon autorisation.

Cette conséquence est absolument logique, et on
l'a soutenue avec grande raison à l'occasion du
procès ci-dessus analysé. On peut même sans cesser
d'être logique, aller encore beaucoup plus loin : le
prénom en effet, n'est pas d'une autre nature que le
nom; tout ce qui s'applique à l'un s'applique à
l'autre et si je suis propriétaire de mon nom, je le
suis à coup sûr tout autant de mon prénom; j'ai
donc le droit d'en demander la suppression dans
toute œuvre litiéraire. Après cela, quelles ressources
reste-t-il à la littérature?

La conclusion à laquelle arrivent forcément les
partisans de ce système a été formulée par l'écrivain
même à propos duquel le procès a été soulevé; cette
conclusion est celle-ci : « Périsse la littérature plutôt
qu'un principe. » Quand ce principe est démontré
faux *a priori*, il faut convenir que ce n'est pas par
de semblables conséquences qu'il peut se relever.

III.

Prise d'un pseudonyme.

La question de la propriété du nom s'est encore posée dans une hypothèse extrêmement pratique que je dois examiner ici, c'est le cas d'un pseudonyme.

Je n'ai pas à définir le pseudonyme, je dois seulement faire observer que des situations très différentes en pratique se présenteront sous une même forme et devront être régies par des règles identiques. C'est d'abord le cas d'une personne qui délibérément quittera son véritable nom pour en prendre un autre, qu'elle se bornera à porter dans la vie privée, ou essaiera même de faire passer dans les actes de l'état civil; c'est ce que j'appellerai le pseudonyme parfait. Au contraire, et c'est de beaucoup le cas le plus fréquent, il peut arriver qu'une personne, sans vouloir le moins du monde changer son nom de famille, en le conservant même non seulement dans les actes de l'état civil, mais encore dans les relations sociales, prenne cependant un autre nom en vue d'une situation déterminée et permanente; c'est ce que font très fréquemment les publicistes et les acteurs. Les raisons de ce fait sont multiples; pour un journaliste, ce sera la possibilité de se faire au besoin remplacer par un confrère sans que le lecteur, en voyant devant ses yeux à la même place un certain nombre de noms plus ou moins connus, conçoive quelque dé-

fiance du journal; ce sera aussi l'habitude, un surnom pris dans la jeunesse et que le succès est venu
consacrer; pour l'acteur ce sera le désir de ne pas
offenser une famille inquiète, pour tous enfin ce sera
peut-être cette secrète pudeur qui nous empêche de
jeter notre nom en pâture à une foule curieuse; mais
ce n'est qu'au public qu'on cache son nom dans ces
situations; dans les relations ordinaires de la vie, on
n'en fait aucun mystère, c'est donc un pseudonyme
imparfait, ce qu'on appelle vulgairement un « nom
de guerre ». Enfin, il peut arriver qu'une personne
universellement connue sous son véritable nom
prenne un pseudonyme, non plus dans une situation
permanente, mais, au contraire, en vue d'un acte déterminé, c'est le cas de l'auteur qui signe son œuvre
d'un faux nom. C'est peut-être un premier ouvrage
qu'il livre en tremblant à l'imprimeur, il craint la
risée du public; c'est peut-être aussi une œuvre qui
va soulever de violentes attaques, qui va appeler sur
son auteur les rigueurs d'un pouvoir tyrannique, —
il a bien le droit de sauvegarder sa liberté comme il
le peut. Dans tous les cas, que le faux nom soit pris
publiquement et universellement, qu'il soit pris à
l'occasion d'une situation déterminée, ou seulement
en vue d'un acte déterminé, si ce faux nom se trouve
être précisément le nom de famille d'une personne,
quels seront ses droits?

Les principes posés dans la section précédente et
dans le chapitre Ier vont nous servir à résoudre sans

embarras cette difficulté, cette personne aura le droit d'agir dans la limite de son intérêt et c'est tout. S'il s'agit de ce que j'ai appelé un pseudonyme parfait pris dans les actes de l'état civil, elle pourra d'abord faire une démarche officieuse auprès du parquet. Mais en dehors de cette démarche qui n'a rien de légal, la véritable question à examiner dans ce cas d'un pseudonyme parfait, comme dans tous les autres, sera la question de savoir si l'usage du pseudonyme lui porte ou non préjudice. Je comprends très bien que le fait par une personne de mauvaises mœurs par exemple, (fait très fréquent dans toutes les grandes villes), de prendre le nom qu'une autre personne porte légalement et honorablement, cause à cette dernière un préjudice, même quand il n'y a pas de confusion possible, parce qu'en cette matière, il faut tenir compte de l'opinion reçue, encore qu'elle ne soit pas juste; cette opinion, c'est qu'un individu peut être déshonoré par la mauvaise conduite d'un proche parent : l'identité du nom peut faire croire à cette parenté, elle peut même établir une confusion complète. Mais lorsqu'on ne peut pas alléguer ce préjudice, lorsqu'aucune confusion n'est ni possible, ni de nature à causer un dommage, comment accorder une action? C'est ici que la jurisprudence fait intervenir le principe de la propriété du nom, mais elle le pousse jusqu'à des conséquences tellement outrées, que ce principe même ne suffit plus à les justifier.

Avant d'examiner ces conséquences, nous devons dire que dans la dernière décision rendue sur cette matière, les juges semblent **a**voir reculé devant les exagérations de la jurisprudence établie : ils se sont manifestement refusés à aborder la question, alors que leurs devanciers l'avaient si nettement résolue ; ce jugement marquerait-il le point d'arrêt d'une jurisprudence au moins étrange? Il est permis de l'espérer. Quoi qu'il en soit, il s'agissait dans cette affaire d'une œuvre anti-religieuse publiée par un conseiller munipal de Paris qui, de très bonne foi d'ailleurs, avait signé cet ouvrage d'un nom porté par une famille ancienne et dévouée aux idées religieuses. Ce pseudonyme avait été pris sous l'Empire, et depuis 1867, les nouvelles éditions du livre avaient paru avec le véritable nom de l'auteur, joint à l'ancien pseudonyme. Le tribunal civil de la Seine rendit à l'audience du 31 mars 1882, un jugement dans lequel nous lisons : « Attendu que M. déclare avoir cessé à partir de 1867, de se servir du pseudonyme dont s'agit; que si depuis cette époque, le nom de — n'a pas disparu des ouvrages de M., il y est maintenu dans des conditions propres à faire connaître le véritable nom de l'auteur, et à empêcher dans l'avenir toute confusion... qu'ainsi qu'il est dit ci-dessus, aucune confusion préjudiciable aux demandeurs ne peut en résulter. » Il est vrai que ce jugement condamne M. M. aux dépens, et c'est assurément étonnant puisque ce sont en réalité les demandeurs qui succombent; mais il n'en est pas moins vrai que nulle part le mot de propriété n'est prononcé, qu'il est au contraire constamment question de préjudice et qu'il semble bien résulter des passages ci-dessus que si le tribunal, retenu par je ne sais quelle crainte, ne s'est pas prononcé sur le principe, il a implicitement consacré la conséquence du système que nous soutenons; il constate en effet que toute confusion est impossible, qu'il n'y a pas de préjudice : or cette constatation ne serait d'aucune utilité, s'il s'agissait d'une véritable question de propriété.

Ce jugement, bien qu'il ne soit pas encore d'une clarté parfaite réalise donc un progrès incontestable sur la décision rendue un mois auparavant par le même tribunal et qui est rappelée plus haut. Pour bien mesurer ce progrès, il faut mettre en lumière la jurisprudence antérieure qui aboutit véritablement à des aphorismes extraordinaires. Nous rencontrons d'abord cette assertion : « Que le nom patrynomique d'une famille est pour *elle* une propriété qui lui donne le droit de s'opposer à ce qu'il soit porté par une autre famille, soit seul soit par addition; et cela sans que les réclamants soient tenus de justifier d'un autre intérêt. » (Cass. rapporté *Gazette des tribunaux* du 17 mars 1882).

Voilà bien la théorie de la propriété du nom; mais à qui l'attribuer? A la famille et non pas seulement aux particuliers. Voilà donc *la famille* considérée comme sujet de droit, comme ayant une existence légale, comme personne morale en un mot. Cette assertion qui est acceptée par les auteurs qui s'occupent de ce sujet comme un « principe incontestable » d'après leurs propres termes, mériterait, ce me semble d'être démontré; je crois au contraire et je me réfère sur ce point au chapitre Ier de cette étude que rien n'est plus contestable. Mais ce n'est pas tout et nous rencontrons bientôt cette seconde assertion encore plus étonnante que « pour contester un nom à quelqu'un il n'est pas nécessaire de le porter (1). » Je passerai sous silence un arrêt de cassation du 16 mars 1834 qui donne l'action en revendication aux filles mariées de la personne dont le nom est usurpé, car on peut dire que légalement, elles n'ont pas cessé d'avoir droit à ce nom; mais que dire d'un autre arrêt du 10 mars 1834 qui admet à revendiquer un nom les petits-fils par une fille de la personne dont le nom est usurpé, c'est-à-dire des individus qui n'ont aucun droit à ce nom? et encore d'un dernier arrêt du 15 juin 1845 qui donne cette action à ceux qui sont unis par le mariage à des personnes qui portent le nom usurpé, bien qu'eux-mêmes ne le

---

(1) Cass. 15 juin 1863, D. 63. I. 313. « Attendu que portant le nom de Brancas ou *unis par le mariage* à des personnes à qui ce nom appartient, les défendeurs au pourvoi avaient intérêt et *qualité* pour s'opposer à ce que F. Hibon et son fils prissent, sous prétexte d'une qualification nobiliaire un nom auquel ils n'avaient pas droit. » — Il existe encore d'autres arrêts de cassation non moins formels dans le même sens, notamment un arrêt du 16 mars 1841 cité plus haut.

7

portent pas ! Que dire de cette jurisprudence? Les auteurs qui la soutiennent sont obligés d'émettre ces idées que dans ces cas la qualité pour agir dérive du « titre de membre de la famille qui a été illustrée par le nom usurpé. » Mais est-ce donc un titre juridique que le titre de membre de telle ou telle famille? On ajoute qu'il y a là un « patrimoine commun » que chaque membre de la famille a un « intérêt solidaire » à défendre. Ce sont autant d'idées qui me paraissent incompatibles avec notre législation et je n'insiste pas. Je ferai seulement cette dernière remarque s'il y a réellement en matière de nom une copropriété de famille, les arrêts cités plus haut ont consacré une doctrine bizarre, mais logique, en permettant à des parents qui ne portent pas le nom usurpé de poursuivre l'usurpateur; ils sont de la famille, ils sont co-propriétaires du nom (quoiqu'on s'explique assez difficilement que je sois propriétaire d'un nom sans avoir le droit de le porter). Mais il reste à déterminer quels sont les membres de la famille, et ici il est impossible de se ranger à l'avis de la Cour d'Aix qui a décidé dans un arrêt du 25 juillet 1867, que la famille devait s'entendre ici comme en matière de succession. A cette doctrine il y a deux objections à faire et toutes deux sont d'un certain poids : c'est d'abord qu'en matière de succession il y a un *de cujus* à partir duquel il est facile de compter les degrés de parenté tandis qu'ici je me demande comment on procédera, quel est au juste le parent auquel s'arrête la famille. Ce sera le collatéral au douzième degré, soit, mais à partir de qui ? A partir de toute personne portant le nom usurpé ? Soit encore, quoiqu'on arrive ainsi à des résultats singuliers. Mais nous arrivons à la seconde objection et à celle-là il n'y a aucune réponse : c'est qu'en prétendant appliquer le Code par analogie, on en fausse absolument l'esprit. Si le Code a limité le droit de succéder au douzième degré c'est qu'il a pensé avec raison que si on était obligé de remonter plus haut pour partager une succession, les difficultés deviendraient inextricables et qu'on aurait vraiment trop de peine à aboutir à une solution ; c'est qu'il a pensé de plus que dans l'immense majorité des cas on ne pourrait pas prouver une parenté plus éloignée et qu'il était inutile ét dangereux de susciter une multitude de procès ayant pour base une prétendue parenté qu'on ne pourrait jamais établir. Mais si le législateur a cru devoir prendre cette décision dans un intérêt public, il n'a pas entendu par là supprimer la famille au delà du douzième degré ; il n'a pas entendu la suprimer par l'exellente raison que c'est la nature qui la fixe et non pas lui et qu'un parent au treizième degré est un parent non successible, mais n'en est pas moins un parent. Par conséquent, confondre la famille avec les successibles, c'est commettre une très grave erreur ; ce sont deux ordres d'idées qui n'ont absolument rien de commun et nul n'a le droit, traitant de la famille, de transporter dans la matière du nom des règles exceptionnelles et restrictives écrites dans le Code à propos des successions. Cela est, ce semble, incontestable. Pour être logique, il faut décider que l'action en revendication du nom appartient à quiconque peut prouver sa parenté à un degré quelconque avec une personne dont le nom est usurpé. Dès lors, pour peu qu'on prenne au pied de la lettre des phrases souvent écrites sur « sur la grande famille humaine » on ne voit pas pourquoi on ne serait pas amené à conclure qu'on est en présence d'une véritable action publique ouverte à tous, car on est toujours bien un peu le parent de son voisin quoiqu'on ne puisse pas le prouver.

Que prouve donc en somme cette jurisprudence ? Elle est à mon sens une preuve singulière de l'action exercée par des préjugés, par des habitudes de langage sur les hommes de science. Remarquons en effet que les arrêts qui semblent surtout bizarres ne sont pas ceux qui posent en principe que tout homme est propriétaire de son nom : ce sont ceux qui sans s'expliquer sur le principe admettent à revendiquer un nom des personnes qui ne le portent pas elles-mêmes. Et cependant, comment ces arrêts motivent-ils leur décision ? Attendu, disent-ils, qu'il y a un *intérêt* de famille. Oui certes, il peut y avoir un intérêt et voilà précisément la base de la doctrine opposée à celle qu'ils croient admettre. Oui, peu importe le nom porté par la personne qui agit, si elle a intérêt à agir, si elle est lésée d'une manière quel-

conque, elle a le droit de demander réparation, cela
revient à dire que la question agitée n'est pas une
question de propriété. Il est vrai que les arrêts
ajoutent : un intérêt « *de famille* » : ici, évidemment
ce n'est plus le langage du jurisconsulte, c'est le
langage de l'homme du monde, c'est le signe de la
confusion qui se produit entre des doctrines oppo-
sées; mais il n'importe : étant donné que nulle part
la personnalité de la famille n'est établie et que
d'autre part, les arrêts auxquels je fais allusion donnent une action à des personnes qui, certainement,
n'ont pas sur le nom contesté une propriété individuelle, il faut bien conclure que cette action, encore
qu'elle soit qualifiée d'action en revendication, n'est
pas autre chose qu'une action fondée sur l'art. 1382.
Tous les documents de jurisprudence qui semblent
admettre la propriété du nom portent en eux-mêmes
la preuve que l'opinion contraire se faisait jour malgré tout et que tout en subissant l'influence des
idées reçues, les rédacteurs de ces arrêts ne pouvaient complètement faire abstraction des théories
véritablement juridiques qui s'imposaient à leurs
esprits.

Le jugement du 31 mars 1882 n'est même pas
tombé dans ces contradictions, il se borne à constater d'une façon très sobre que le préjudice allégué
n'existe pas; et le fait est d'autant plus significatif
que c'était bien la théorie de la propriété du nom
qui avait été plaidée devant lui et dans les termes

les plus absolus, on s'appuyait sur toute la jurisprudence et notamment sur un arrêt de cassation dans lequel on lit textuellement : Attendu que le nom patronymique d'une famille est pour elle une propriété qui lui donne le droit de s'opposer à ce qu'il soit porté par une autre famille soit seul soit par addition, et cela sans que *les réclamants soient tenus de justifier d'un autre intérêt ;* le silence du tribunal sur ce point peut donc difficilement passer pour une adhésion.

Il ne reste donc plus qu'un pas à faire, c'est d'affirmer bien nettement que si l'ordre public est toujours intéressé à ce que les hommes soient classés d'une manière méthodique et stable à l'aide de signes qu'on appelle noms, il n'a en revanche aucun intérêt à protéger les idées fausses qui tendent à faire participer un homme à la gloire ou à l'infamie méritées par d'autres. Quand un individu prenant un nom auquel il n'a pas droit arrive à établir une confusion préjudiciable à celui qui porte légalement ce nom, notre législation respectueuse de tous les droits ne refuse jamais une action, mais quand, sans aucun intérêt, on demande à la loi son secours dans le seul but de monopoliser à son profit une désignation qu'on revendiquerait moins âprement sans doute si d'autres ne l'avaient pas illustrée, on dépasse de beaucoup son droit, on oublie que dans notre société nous avons plus besoin de grands hommes que de grands noms.

SECONDE PARTIE.

CHAPITRE PREMIER.

INTRODUCTION. — NATURE DU TITRE DE NOBLESSE.

Il est impossible de séparer l'étude des titres de noblesse de l'étude du nom de famille parce qu'il est impossible de concevoir dans notre état social le titre de noblesse comme distinct du nom de famille ; il n'y a plus actuellement de titres, il n'y a plus que des noms, c'est du moins ce que j'essaierai de prouver. Mais avant de montrer l'état actuel de la noblesse il est indispensable de dire quelques mots de ce qu'elle a été.

Elle a été une caste ; elle est encore une caste dans les pays où elle existe d'une manière effective. Son origine en France remonte à l'invasion germanique : les Gallo-Romains plus civilisés mais énervés, vaincus et pillés par les barbares subirent la loi du plus fort : le sol fut partagé entre les chefs germains et avec le développement de la féodalité, les enfants de ces chefs, encore barbares eux-mêmes, continuèrent à opprimer l'ancienne race. En principe et sauf exception les Germains furent les nobles et les Gallo-Romains furent les roturiers. La conquête est donc l'origine de la noblesse et si beaucoup plus tard, la société s'étant entièrement transformée, nous voyons la noblesse concédée par le pouvoir devenir une récompense du mérite, c'est par suite d'une déviation du principe; il est vrai que cette noblesse concédée à un homme illustre passera à ses descendants même les plus indignes et c'est ainsi que sera conservée dans une certaine mesure l'idée de caste essentielle à la noblesse; mais ce n'est déjà plus le principe dans toute sa pureté. Le principe est celui de la supériorité d'une race sur une autre; en ce sens on peut dire par exemple que pendant des siècles les blancs ont été considérés comme nobles vis-à-vis des nègres. Du jour où cette idée s'efface, du jour où les races se confondent, où le souvenir de l'origine se perd, la noblesse se transforme nécessairement; on était noble par race, on devient noble par la famille et lorsqu'un roturier devient d'un jour à l'autre noble par la volonté du prince, cette volonté peut bien lui faire attribuer les signes extérieurs de la noblesse, mais elle ne peut modifier ce que la nature a établi; elle ne peut faire que le père de ce noble n'ait été roturier, que ce ne soit un sang roturier qui coule dans ses veines, en un mot la possibilité de l'anoblissement qui est pourtant ce que nous pouvons trouver de meilleur et de plus utile dans l'histoire de la noblesse, est précisément incompatible avec son principe même.

Cette bizarrerie n'est pas la seule que nous devions rencontrer; nous verrons encore que les titres de noblesse n'acquièrent une certaine régularité qu'à l'époque où la noblesse est en pleine décadence et même ne comportent une hiérarchie tout à fait rigoureuse qu'à l'époque où la véritable noblesse n'existe plus, c'est-à-dire sous Napoléon Ier.

A l'origine, en effet, qu'était-il besoin de titres soigneusement établis ? Les races ne s'étaient pas mélangées, on savait bien qui était noble et qui ne l'était pas ; plus tard il devint sinon nécessaire, du moins utile de faire cette distinction et les nobles prirent des signes caractéristiques; mais on attachait fort peu d'importance à ces signes et on ne s'imaginait pas, comme on le fait aujourd'hui qu'un comte fut nécessairement moins qu'un duc ou plus qu'un baron ; ces distinctions étaient vides de sens parce que l'idée essentielle est que sous le prince, le duc, le comte ou baron, il y a un *gentilhomme*, c'est-à-dire un homme d'une race supérieure et qu'un gentilhomme en vaut un autre.

Les auteurs qui font autorité en matière nobiliaire divisent les titres de noblesse quant à leur origine en trois classes : 1º les titres qui ont d'abord été des titres de fonctions : ducs, comtes, vicomtes, marquis, vidames ; 2º les titres extrêmement vagues de prince et baron ; 3º les titres de profession : chevalier, écuyer. Les ducs étaient des chefs militaires, les marquis des gouverneurs de provinces frontières,

les vidames des conseillers-administrateurs de biens
ecclésiastiques ; quant aux comtes on a beaucoup
discuté pour savoir s'ils étaient comme les ducs des
chefs militaires ou des juges : l'opinion la plus pro-
blable, étant donnée l'époque dont il s'agit, c'est que
les comtes, tout comme les ducs, cumulaient les pouvoirs civils et militaires (Montesquieu). Entre tous
ces titres aucune hiérarchie possible sauf peut-être
celle qui existait entre les chevaliers et écuyers et
entre les comtes et vicomtes à l'origine. L'écuyer
(porteur de l'écu ou bouclier, *scutum*) était un peu le
page du chevalier et par conséquent lui était inférieur ; le vicomte était de même inférieur au comte.
Mais à part cela, qui nous dira si un comte est plus
ou moins qu'un duc ou un marquis ? Cela dépend de
l'étendue de son territoire, du nombre de ses sol-
dats, du lien plus ou moins fort qui l'attache au roi.
L'idée de hiérarchie existait si peu que nous voyons
les ducs de Lorraine ajouter plusieurs fois à leur
titre de duc celui de marquis. Ils ne l'eussent pas
fait si dans leur idée c'eut été s'abaisser. De même
les ducs de Normandie et de Bretagne étaient indiffé-
remment appelés ducs ou comtes. Il pouvait également arriver qu'un gentilhomme n'eut aucun titre ;
s'il n'était pas fonctionnaire il n'était ni duc ni
comte, etc., et s'il n'était pas soldat, ce qui est évidemment rare à l'époque féodale, mais peut cependant se
présenter, il n'a pas le titre de chevalier ou écuyer.
Voilà donc un noble qui ne portera qu'un nom rotu-

rier et n'en sera pas moins noble, jouissant de tous les honneurs et de tous les avantages de la noblesse.

L'effet de la féodalité fut de rendre héréditaire le titre de noblesse ; le fils d'un comte s'appela comte à la mort de son père bien qu'il ne lui eût peut-être pas succédé dans sa fonction. Alors le désordre le plus complet s'établit dans les dénominations nobiliaires ; « il y avait des vicomtes qui s'intitulaient vicomtes d'une seigneurie particulière ne faisant point partie de leur vicomté »... on voit tout à coup le fils d'un simple seigneur de fief prendre le titre de marquis, de comte, etc.

Mais ne perdons pas de vue que ce désordre est tout à la surface : il importe fort peu que tel gentilhomme prenne le titre de vicomte ou celui de baron, car ce titre n'ajoutera rien à ce qui lui est dû : les honneurs sont dûs au gentilhomme, les immunités sont accordées au gentilhomme quel que soit son nom, même si ce nom ne porte aucune trace de noblesse ; libre à lui de prouver sa noblesse comme il l'entend, et s'il ne juge pas nécessaire de prendre un titre qui porte sa noblesse à la connaissance du public, cela ne l'empêche pas d'être noble et de jouir de tous les avantages attachés à la noblesse. Cela est si vrai que dans notre histoire nous trouvons un certain nombre de familles qui par une singulière fierté ont toujours refusé de prendre un titre quelconque bien qu'elles fussent d'une noblesse incontestable et incontestée (Damas, Chabot, Chasteignier, etc.) (1).

Si nous nous plaçons maintenant à l'époque où la féodalité définitivement ruinée a fait place au pouvoir absolu du roi, nous voyons que les idées actuelles commencent à se faire jour, sans cependant qu'on ose bien s'en rendre compte et sans qu'on touche au principe. Ainsi les auteurs qui traitent de la noblesse commencent à discuter sur la valeur relative des titres ; le titre prend une importance qu'il n'avait pas à l'origine et on commence au contraire à perdre de vue l'idée fondamentale que la noblesse est dans le sang et tout à fait indépendante du titre qu'on peut porter. Ainsi Laroque s'ingénie à établir la hiérarchie des titres et met en première ligne les ducs parce que la pairie est presque toujours jointe au titre de duc. Or la pairie est une fonction qui n'a rien de commun avec la noblesse. Après les ducs viendraient les princes, les comtes et les marquis entre lesquels Laroque n'ose pas se prononcer. C'est aussi à cette époque que s'introduit, pour les cadets de famille noble, l'usage, depuis considéré à tort comme un droit, de prendre à défaut de terres qui leur permissent un autre titre, le titre de chevalier ou d'écuyer. C'était une idée universellement admise que tout gentilhomme était au moins écuyer ; s'il n'avait aucun bien dont il put prendre le nom, il avait le droit, tant

---

(1) Exemples cités par M. Levesque, préface du *Droit nobiliaire français au XIXe siècle*. — Ap. Laroque, *Traité de la noblesse*, chapitre VII et *Traité de l'origine des noms*, chap. XXXII.

qu'il n'était pas marié, de porter son nom de famille précédé du titre d'écuyer et dans certains cas de chevalier (1). Enfin l'usage s'introduit également, dans le même cas, de prendre au moins la particule *de* : cette particule ne prouve absolument rien, elle n'est qu'un génitif qui mis devant un nom de pays ou de terre indique l'origine et mis devant un nom d'homme la filiation ; aussi est-elle fréquente dans les noms roturiers ; mais comme les titres de noblesse provenaient tous de l'époque féodale où c'était la terre qui anoblissait, presque tous les titres de noblesse renfermaient la particule ; on s'appelait duc de Chevreuse ou comte de Montfort ; de là l'idée qu'en prenant cette particule même sans titre on donnait à son nom une allure noble (2).

Tous ces usages indiquent une déviation certaine de l'idée nobiliaire ; mais quelles que fussent les variations qui se produisaient en fait, il est certain que

---

(1) Les commissaires généraux de la province de Bretagne, assemblés pour la réformation des usurpateurs de la noblesse ont déclaré chevaliers tous les marquis, comtes, barons et châtelains, ainsi que leurs fils aînés, déclarant les cadets écuyers.— Passage cité par M. de Sémainville (*Code de la noblesse*).

(2) L'opinion assez accréditée dans le public, que la particule indique la noblesse est certainement fausse, mais elle n'est pas nouvelle. Ménage écrivait déjà : « La plupart de nos gentilshommes s'imaginent que les prépositions *de* ou *du* devant le nom de famille sont une marque de noblesse. Sur quoi ils se trompent ; nos anciens ne les ont jamais mises que devant les noms de famille qui viennent des seigneuries, et il ne faut les mettre que devant noms-là. » (Passage cité et critiqué par M. de Sémainville).

jusqu'à la Révolution le principe demeura debout, et nous pouvons résumer en quelques mots le dernier état de notre ancien droit en cette matière ; cela est même nécessaire pour mesurer l'évolution accomplie et en déduire les conséquences. Dans le dernier état du droit, tout comme à l'origine, la noblesse est une qualité particulière à certaines familles se transmettant par le sang et indépendante du titre ; le titre est un moyen de porter à la connaissance de tous la qualité de noble et de se faire attribuer les droits et les honneurs qui y sont attachés : le titre est le mode de preuve le plus simple de la noblesse qui peut d'ailleurs se prouver par tout autre moyen. Régulièrement, les enfants d'un noble titré doivent, durant la vie de leur père, ne porter aucun titre ; ils sont nobles mais ne doivent porter que le nom originaire de leur famille ; ainsi le fils d'un duc de Montmorency doit s'appeler Bouchard jusqu'au jour de la mort de son père ; si le nom originaire a été oublié, il doit porter le même nom que son père moins le titre : ainsi, à supposer que l'histoire ne nous eut pas conservé le nom de Bouchard, les enfants du duc de Montmorency devaient s'appeler de Montmorency. A la mort du père, le fils aîné prend le titre que portait son père, la dénomination des autres ne doit changer en rien. Voilà le droit ; en fait, il y avait des tempéraments que j'ai indiqués ci-dessus ; même du vivant du père, le fils aîné prenait généralement un titre en le joignant au nom d'une terre de famille ; les cadets prenaient aussi très souvent un titre tiré d'une terre, et lorsqu'il n'y avait pas de terre, le titre de chevalier ou écuyer ; la seule règle à observer était que le titre attaché à la terre principale de la famille n'était jamais pris que par l'aîné et que les fils du vivant de leur père ou les cadets vis-à-vis de leur frère prenaient généralement des titres considérés à tort ou à raison dans la demi-hiérarchie qu'on essayait d'établir, comme inférieur à celui du chef de la famille.

Une fois ces principes posés, examinons l'œuvre de la Révolution. Elle est contenue dans la résolution mémorable de la nuit du 4 août où fut aboli en principe le régime féodal et dans le décret des 19-23 juin 1790 qui supprime tous les priviléges de la noblesse. Or, du jour où la naissance ne confère plus aucun droit, du jour où tous les hommes naissent égaux au point de vue politique, peut-on encore dire qu'il y a une noblesse? Evidemment non, il y a encore des hommes dont les ancêtres ont eu des priviléges, et d'autres hommes dont les ancêtres ont eu des charges, mais cette différence purement historique ne se traduisant par aucun effet légal doit être considérée par le légiste comme inexistante. Dire qu'il y a des nobles aujourd'hui, c'est absolument comme si l'on disait qu'il y a en France des Latins, des Celtes ou des Germains au point de vue ethnographique, au point de vue historique cela est vrai, mais au point de vue légal, cela n'est pas : il n'y a

que des Français. Cette idée est, ce me semble, indiscutable. Et alors, étant donné qu'il n'y a plus,
depuis 1790, de noblesse, on peut se poser cette
seconde question, qu'est à ce moment qu'un titre de
noblesse? C'est en vain qn'on en chercherait une
définition distincte de la définition du nom; on a dit
que c'était un mot rappelant de grands souvenirs et
partant de là on a écrit de longues et belles pages
sur la nécessité des traditions et des souvenirs :
tout cela est fort juste mais ne contredit nullement
la manière de voir que j'adopte; le nom aussi est
un souvenir puisque tout homme porte le nom de
ses ancêtres; que ce nom soit composé de mots indiquant autrefois la noblesse ou qu'il soit roturier il
rappelle toujours que celui qui le porte descend de
tel autre; le titre, comme le nom, sert toujours à
distinguer un homme d'un autre, en rappelant sa
filiation et puisque depuis l'abolition des priviléges
de la noblesse il ne sert plus qu'à cela, il est absolument impossible au point de vue juridique de faire
une différence entre le nom et le titre de noblesse;
la logique la plus élémentaire suffit à justifier ce
système, car qui dit titres de propriété dit propriété
et qui dit titre de noblesse dit noblesse. Puisque la
noblesse n'existe plus que devient le titre qui servait
à la prouver? Dira-t-on que ce système est en opposition avec nos usages? Quand cela serait, ce ne
serait pas encore une raison pour le rejeter; mais en
réfléchissant un peu, on voit que l'objection n'est

même pas fondée : il existe en effet, une multitude de noms de famille dans notre langue qui ne sont autre chose que des titres anciens; (exemples : Comte, Lecomte, Duc, Marquis, Baron, etc.), ces noms ont sans doute été donnés à l'origine comme sobriquets, cependant il est possible que parmi les très nombreuses familles qui le portent il s'en trouve qui étaient autrefois véritablement nobles; personne ne trouve étranges ces noms très répandus; pourquoi trouverait-on plus étrange que le titre ancien, qui compose seul le nom dans les exemples cités, soit joint à un autre nom comme il arriverait dans le système que je soutiens? Qu'une famille s'appelle Duc de Montmorency absolument comme d'autres s'appellent Lecomte-X... au point de vue de la prononciation, rien de changé, au point de vue de l'orthographe un trait d'union qui même à la rigueur n'est pas nécessaire et la réforme serait accomplie. Cela est si naturel que nous trouvons dans la langue même de nombreux exemples de transformations analogues. Ce ne sont pas seulement des titres de noblesse qui sont devenus souvent des noms de famille, ce sont aussi des titres de fonctions; il y a de nombreuses familles qui s'appellent Maréchal, Sénéchal, Le Sénéchal, Lévesque, Bailli, etc., il en est même qui se composent des mots suivants : Le Sénéchal ou Le Maréchal de X... Nous ignorons si les familles qui portent ces noms sont d'origine noble, mais cela est fort possible, dans tous les cas on voit que l'usage

n'est même pas si opposé qu'on le croirait au premier abord à la transformation des titres anciens
en véritables noms de famille, transformation qui
depuis la Révolution doit être considérée comme un
fait accompli.

Telle est donc la situation créée *ipso facto* en matière
nobiliaire par le décret de 1790 : plus de titres, rien
que des noms. Examinons maintenant si cette situation a été modifiée. Les assemblées révolutionnaires
crurent devoir bannir jusqu'au souvenir de l'ancienne
noblesse ; elles interdirent toute espèce de titre ou
plutôt elles défendirent d'insérer dans les noms les
mots qui autrefois avaient pu servir à distinguer la
noblesse. Nous n'avons pas à examiner si cette mesure
était utile, la seule idée sur laquelle il faille insister
parce qu'elle est souvent méconnue c'est qu'à notre
avis cette mesure a eu son effet sur des noms de famille et non sur des titres de noblesse qui, en tant
que titres de noblesse, n'existaient plus depuis la nuit
du 4 août.

D'ailleurs c'était si bien à des noms qu'on s'atta-
quait qu'on proscrivait avec une égale sévérité et les
anciens titres de noblesse et la simple particule qui
n'avait jamais impliqué la noblesse.

L'état de choses créé par la Constituante subsista
intégralement jusqu'en 1808 et partiellement jusqu'en
1814. En 1808 Napoléon Ier était arrivé au faîte de la
gloire et de la puissance, il s'égara au point de ne plus
rien considérer comme impossible; issu de la Révo-

lution il crut, parce qu'il en avait momentanément détourné le courant, qu'il pourrait le remonter et il rêva de réorganiser une aristocratie. C'était bien une aristocratie qu'il voulait et non pas seulement une noblesse nominale, comme celle qui avait existé de 1790 à 1793; c'est une aristocratie avec certains priviléges et la preuve c'est que le décret qui organise l'aristocratie est signé le même jour que celui qui organise les majorats; tous deux sont du 1er mars 1808, la corrélation est manifeste. Nous trouvons donc ici un fait absolument anormal, de véritables titres de noblesse dans une société basée théoriquement sur l'égalité absolue : cette égalité sera rétablie en pratique lors de l'abolition des majorats en 1835, mais on laissera, par une singulière négligence, subsister les règles spéciales instituées en 1808 pour la transmission des titres impériaux, en sorte que ces titres, après avoir été considérés pendant près de 30 ans comme de véritables titres redeviendront de simples noms et ne seront cependant pas soumis même à l'époque actuelle aux règles ordinaires de la transmission des noms.

Les anciens titres de noblesse que Napoléon Ier n'avait pas rétablis furent remis en vigueur par la Charte de 1814 qui porte dans son article 71 « l'ancienne noblesse reprend ses titres, la nouvelle conserve les siens. » Il est bien certain que dans l'esprit des rédacteurs de la Charte, cette disposition devait avoir pour effet de remettre les choses en

l'état où elles étaient avant la Révolution ; on voulait
rendre à l'ancienne noblesse sinon ses priviléges,
du moins tout son éclat, on avait même l'arrière
pensée de lui rendre, contrairement à tous les
principes modernes, au moins un certain nombre
de priviléges ; car nous voyons dans les lettres
d'anoblissement signées sous la Restauration, que
le roi confère la noblesse « pour jouir des *droits,
honneurs* et *prérogatives* attachés à ce titre. » Mais,
malgré cette idée bien manifeste du législateur de
la Restauration, nous n'hésitons pas à penser que
pour qu'elle ait son effet, il eut fallu la traduire
dans un langage absolument clair ; le rétablissement d'une aristocratie dans une société comme la
nôtre est un véritable acte d'insurrection, et ces
actes là ne doivent pas se présumer. Nous nous
inclinons devant le décret de 1808 puisqu'il est
formel : mais quant à la Charte de 1814, quelqu'évidente que soit la pensée qui l'a dictée, nous avons
le droit de nous en tenir strictement à ce qui est
écrit, sans rien rechercher au-delà. Or ce qui est
écrit, c'est que l'ancienne noblesse reprend ses
titres ; cela signifie que tous ceux qui avant la Révolution portaient des titres nobiliaires, auront le
droit de les porter de nouveau, mais cela ne signifie
nullement que ces titres seront régis par d'autres
lois que celles qui devaient les régir, à partir du
4 août 1789 jusqu'à leur suppression ; j'ai montré
que pendant cette période, ces titres n'avaient pu

être que de simples noms soumis à toutes les règles
du nom patronymique : la conséquence, c'est qu'à
partir de 1814, certaines personnes ont pu de nouveau insérer dans leur nom les mots duc, comte,
marquis, etc., mais ces mots font désormais partie
intégrante du nom, se transmettent comme lui,
n'impliquent plus aucune idée de supériorité. Cela
est strictement conforme aux principes proclamés
lors de la Révolution, et cela n'est point contraire au
texte strictement interprété de la Charte de 1814.

En résumé, il n'existe plus à l'époque présente
aucun titre de noblesse ; il n'existe plus que des mots
qui autrefois servaient à indiquer la noblesse et qui
aujourd'hui font corps avec des noms de famille ;
toutefois lorsqu'on rencontre un de ces mots il y a
lieu de rechercher si le droit de le porter a été conféré postérieurement ou antérieurement au décret
de 1808 ; s'il a été conféré antérieurement, il n'y a
qu'à se référer purement et simplement aux règles
du nom de famille ; s'il a été conféré postérieurement
il faut appliquer au point de vue de la transmission
de ce nom les règles spéciales contenues soit dans le
décret du 11 mars 1808 soit dans les actes de concession, bien que ce soit une bizarrerie inexplicable
dans notre droit.

D'après certains auteurs, il y aurait encore lieu
de tenir compte, au point de vue de la transmission
du titre, d'une autre condition lorsqu'il s'agirait de
titres conférés soit en vertu du décret de 1808, soit

dans la période qui s'étend du 13 août 1824 au
13 mai 1835. En effet le décret de 1808 ne permettait
l'hérédité du titre que s'il était accompagné d'un
majorat; l'ordonnance du 13 août 1824 édicte la
même disposition pour les titres royaux. Puis intervient la loi du 13 mai 1835 qui décide que toute
institution nouvelle de majorats est interdite. On en
conclut que tous les nobles qui en 1835 n'avaient
pas encore constitué de majorats n'ont pu transmettre leur titre à leurs enfants, puisque l'institution
du majorat était la condition imposée à la transmissibilité du titre. Mais cette solution est repoussée
avec raison par les autorités les plus compétentes :
l'esprit de la loi de 1835 n'a jamais été de dépouiller
des citoyens d'un nom auquel à tort ou à raison ils
attachent quelque importance : la loi de 1835 a eu
simplement pour but de faire disparaître ce qui res-
semblait à l'aristocratie ancienne, de détruire des
dispositions qui avaient pour but de constituer entre
certaines mains de grandes fortunes destinées à soutenir de grands noms; en un mot la loi de 1835
abolissait un privilége, elle rentrait dans les saines
traditions de la Révolution. Pourquoi veut-on que
cette loi ait eu un autre effet. Elle a rendu impossible la condition à laquelle les décrets précédents
avaient subordonné la transmissibilité du titre, cela
est vrai, mais la conséquence qu'il faut en tirer c'est
simplement que cette condition, déclarée illicite en
1835 doit être réputée non écrite dans le décret de

1808 et l'ordonnance de 1824. Autrement la loi de 1835 aurait un èffet que le législateur n'avait ni prévu ni voulu.

Il est bien un autre effet, celui-là parfaitement logique, que la loi de 1835 aurait dû avoir : malheureusement personne ne l'ayant mis en lumière et au contraire de nombreuses dispositions postérieures l'ayant méconnu, il faut bien passer condamnation. Cependant, en réfléchissant aux conséquences de cette loi, on voit qu'elle est absolument identique au décret de 1790 supprimant les priviléges; c'est bien un privilége qu'elle supprime, elle dérive des mêmes principes, elle détruit, elle aussi, une aristocratie; donc son effet ayant certainement été de modifier la nature des titres aurait dû aussi être d'en modifier la transmission : les anoblis de 1808 et de 1824 qui étaient vraiment des nobles jusqu'en 1835 sont redevenus de simples citoyens : leurs titres qui se transmettaient d'une façon spéciale devaient après 1835 devenir des noms et se transmettre comme les noms de tous les citoyens. Voilà la vérité, mais depuis 1835 les gouvernements ont continué d'anoblir en réservant aux prétendus titres qu'ils conféraient un mode de transmission particulier et cet état de choses n'ayant soulevé aucune protestation a pris une force devant laquelle il faut bien s'incliner. Admettons donc d'abord que la loi de 1835 n'a supprimé aucun titre; ensuite, qu'en modifiant la nature des titres qu'elle visait, elle a cependant laissé subsister un mode de transmission qui peut ne pas être celui des noms ordinaires. Elle n'a rien changé, dans tous les cas, aux titres antérieurs à la Révolution qui, non seulement sont devenus de véritables noms, mais encore doivent se transmettre comme les noms de tous les citoyens.

CHAPITRE II.

ACQUISITION DES TITRES.

Nous avons vu que la noblesse qui s'est acquise primitivement par la conquête, par la force, dont l'origine en un mot ne peut être fixée d'une manière précise, était devenue, sous la monarchie régulière de l'ancienne France, une classe dans laquelle le roi faisait entrer selon son bon plaisir, ceux de ses sujets roturiers qu'il jugeait dignes d'une telle récompense. La conséquence logique de la Révolution eut été en cette matière de supprimer absolument le droit d'anoblissement; tout au moins, si on laissait au pouvoir le droit de conférer, à titre de récompense nationale, une appellation honorifique quelconque, il eut été conforme aux principes modernes de décider que ce titre serait rigoureusement personnel.

Ces principes ont été méconnus; les constitutions qui ont régi la France depuis la Révolution ont toutes donné au chef du pouvoir exécutif, le droit de conférer des titres transmissibles. Nous lisons dans les chartes de 1814 (art. 71) et de 1830 (art. 62), que le roi fait des nobles à volonté, et cette disposition doit être entendue en ce sens que le roi confère des titres transmissibles ; du moins, c'est l'interprétation que les gouvernements d'alors ont toujours donnée sans soulever la moindre objection.

Le décret du 4 novembre 1848 qui supprimait les titres de noblesse, abrogea par conséquent cette disposition, mais ce décret ayant été lui-même abrogé par le décret du 24 janvier 1852, la disposition des chartes de 1814 et de 1830 doit être considérée comme remise en vigueur sous le second empire, aussi bien sous la constitution libérale de 1870 que sous la constitution despotique de 1852. Mais la question qui se pose est celle de savoir si, à partir de la chute du second empire, soit avant, soit après la promulgation de la constitution actuelle, le chef du pouvoir exécutif a pu et peut encore anoblir.

Nous n'hésitons pas à répondre négativement par les raisons suivantes : en principe, le droit d'anoblir, avons-nous dit, ne peut se comprendre avec les idées modernes, qu'à la condition qu'il s'agisse uniquement d'un anoblissement purement personnel; mais même restreint à ces limites, il doit être encore considéré, ainsi qu'il l'a toujours été, comme une attribution régalienne, et non comme une attribution normale d'un chef du pouvoir exécutif. Sous une constitution monarchique, même libérale, on peut admettre que le roi ou l'empereur ait des attributions traditionnelles, alors même qu'elles ne seraient pas formellement exprimées dans la charte ou dans la constitution. Partout où

il y a un souverain, encore que le régime du pays
soit un régime parlementaire, on admet, et on est
forcé d'admettre que le souverain est autre chose
qu'un mandataire; sans aller jusqu'à ressusciter la
théorie surannée du droit divin, on ne peut nier
que tout monarque, quelque restreints que soient
ses pouvoirs, doit être considéré comme au-dessus
de ses sujets, non-seulement par la magistrature
qu'il exerce, mais encore par le caractère même
dont il est revêtu. Ce sont là, j'en conviens, des
idées très subtiles pour nous, par la raison bien
simple que l'idée même, l'idée essentielle de la
monarchie nous échappe : nous concevons bien un
individu qu'on appelle roi ou empereur, à qui l'on
confie des pouvoirs quelquefois fort étendus, mais
quelles que soient nos opinions, nous ne pouvons
avoir pour cet individu cette sorte de respect inné
qui animait nos pères à une époque où on comprenait véritablement la monarchie; en ces matières,
le temps a fait son œuvre, et si nous avons l'idée
très nette de ce qu'est un ministre, de ce qu'est un
chef du pouvoir exécutif, il faut convenir que nous
n'avons pas l'idée de ce qu'est un roi.

Quoi qu'il en soit, il semble incontestable que
même dans le silenc des constitutions, tout monarque a pu valablement anoblir jusqu'en 1870 (1); les

---

(1) « La noblesse, disait M. Abbatucci, ministre de la justice au
moment de la loi de 1858, est inséparable du pouvoir monarchique. »

dispositions des chartes de 1814 et de 1830 n'étaient que des énonciations dont on eut pu se passer par la raison qu'il s'agissait d'une attribution régalienne traditionnelle ; tout ce qu'on peut dire c'est qu'étant donnés les principes modernes qui s'opposaient à l'institution d'une noblesse héréditaire ces dispositions étaient nécessaires et auraient même dû être plus explicites pour y déroger en permettant la transmissibilité des titres. Mais par cela même qu'il s'agit d'une attribution régalienne, il me semble hors de doute qu'il est absolument interdit au président de la République de faire des nobles en l'absence d'une disposition formelle de la constitution qui lui en donne le droit. En effet si nous admettons qu'un souverain puisse avoir d'autres pouvoirs que ceux que lui donne la constitution, nous considérons au contraire le président de la République comme un simple mandataire dont les pouvoirs sont rigoureusement définis et limités dans son mandat qui est la constitution. Le président de la République ne peut pas faire un seul acte qui ne soit prévu par la constitution. On peut d'ailleurs s'en référer à ce qui se passe dans une matière très voisine de la nôtre, le droit de grâce : alors même qu'une constitution monarchique ne donnerait pas le droit de grâce. au chef de l'État, pourvu qu'elle ne contienne pas de disposition qui le lui retire, on ne peut douter sérieusement que le pouvoir de faire grâce existera de plein droit à son profit; on admet au contraire que le président de la République n'a le droit de grâce que si la constitution le lui accorde, et la constitution républicaine de 1875 n'a pas manqué de s'expliquer sur ce point.

Il ne faudrait pas d'ailleurs s'exagérer les conséquences du principe posé. Il ne signifie pas le moins du monde que les mots comte, marquis, etc., soient l'objet d'un monopole au profit des souverains. Conformément aux principes exposés dans le chapitre précédent, nous admettons que le président de la République peut parfaitement autoriser un citoyen à s'appeler comte ou duc de X***; mais cette proposition n'est nullement en contradiction avec la précédente, et voici pourquoi. Les mots duc, comte, etc., peuvent entrer dans n'importe quelle combinaison grammaticale pour former un nom : je crois avoir démontré que toutes les personnes qui portent ces anciens titres les portent aujourd'hui à titre de noms, et pas autrement, seulement ces noms seront quelquefois régis par des règles un peu différentes de celles auxquelles les noms ordinaires sont soumis. Or, comme le chef de l'État, en vertu de la loi de germinal an XII a le droit d'accorder des additions ou changements de noms, rien ne l'empêche d'autoriser un citoyen à prendre une appellation dans laquelle entreraient des anciens titres de noblesse, mais remarquons bien : d'abord que le chef de l'État ne peut qu'autoriser ce changement; il devra être sollicité, et non octroyé bénévolement comme la noblesse était autrefois octroyée par les souverains ; — ensuite, que le chef de l'État ne peut même pas accorder ce changement de son autorité privée ; il faut un décret rendu en Conseil d'État, en un mot il faut observer toutes les formalités voulues par la loi de germinal an XI ; — enfin, ce qui achève de rendre ce changement de nom tout à fait distinct de l'anoblissement prohibé, que le chef de l'État ne pourrait pas mettre à la transmission du nouveau nom telle ou telle condition : une fois le changement autorisé, le Code civil règle la transmission du nom, il ne peut être question de concession personnelle ni de transmission de mâle en mâle par primogéniture, ni d'exclusion des bâtards, en un mot, de ce qui constituait le titre de noblesse. Spécialement, en ce qui concerne les anciens titres, devenus dans notre opinion, de véritables noms, il y a une règle qui subsiste par la force de l'usage, c'est que lorsque ces noms sont portés par des femmes, ils se mettent au féminin : la femme du duc de X*** s'appellera duchesse de X***. C'est là une règle nullement incompatible avec l'idée de nom, car nous connaissons des pays où cette règle est absolue et s'applique à tous les noms quels qu'ils soient ; mais c'est, chez nous du moins, une règle dérogatoire au droit commun en matière de noms. Or le président de la République ne pourrait certainement pas, en autorisant un individu à s'appeler le duc de X***, décider que ce nom lorsqu'il serait porté par une femme prendrait le féminin. Il ne peut que se conformer au droit commun, et s'il autorise un homme à s'appeler Le Duc de X***, la femme de cet individu devra s'appeler comme lui Le Duc de X***.

Maintenons donc qu'en France sous la constitution actuelle, le président de la République n'a pas le droit d'anoblir.

Mais dans une multitude d'autres pays, le souverain a ce droit, et alors se pose la question de savoir quelle est la valeur en France d'un titre acquis à l'étranger. Nous ne nous occupons pas bien entendu du titre étranger conféré à un étranger ; ce titre est pleinement régi par la loi étrangère comme tout ce qui est de statut personnel. Mais il arrive souvent qu'un Français obtient d'un souverain étranger des lettres d'anoblissement. Sans vouloir médire ni d'aucun gouvernement étranger ni de nos concitoyens, on peut constater que pour quelques États c'est presque une ressource normale du budget, et que pour beaucoup de Français l'obtention d'un titre étranger, qu'on pourra faire passer plus tard pour un titre français, est le but des efforts les plus persévérants ; car si les anoblissements ont toujours été rares en France, on n'en peut pas dire autant de la crédulité publique qui se laissera toujours imposer par la sonorité de certains mots.

Le gouvernement français n'a jamais admis, et cela avec beaucoup de raison, qu'on pût de plein droit porter en France un titre acquis à l'étranger, car la

concession d'un titre est un acte de souveraineté qui
ne peut avoir d'effet en dehors des limites où s'étend
cette souveraineté ; une ordonnance du 31 janvier
1819 et un décret du 5 mars 1859 soumettent le droit
de porter un titre étranger à l'autorisation du gou
vernement, que celui-ci est toujours libre de refuser,
et qu'il ne doit accorder, dit le rapport précédant le
décret de 1859 : « que pour des causes graves et exceptionnelles ». Malheureusement, il arrive toujours,
lorsqu'on laisse un pouvoir arbitraire aux mains du
gouvernement, que les limites théoriques que le législateur a eu l'intention d'y mettre restent lettre
morte ; chaque intéressé ne manque pas de justifier
de causes graves et exceptionnelles, et il est bien
difficile de refuser l'autorisation. C'est ainsi que nous
sommes envahis d'une speudo-noblesse, issue des
chancelleries étrangères bien plutôt que des croisés,
qui en d'autres temps aurait succombé sous le ridicule et qui dans tous les cas constitue une anomalie
dans notre société. D'ailleurs, même si le gouvernement était incapable de faiblesse, on peut encore se
demander si la disposition des décrets de 1819 et
1859 n'est pas en contradiction avec la logique. Il est
assez étrange, d'abord, qu'un État qui n'admet pas
de noblesse (j'entends par noblesse une véritable
aristocratie) pour son compte, reconnaisse chez ses
nationaux une noblesse provenant d'un autre souverain. Mais on peut aller plus loin et dire que
même un État dans lequel existe une noblesse ne

peut pas et ne doit pas reconnaître chez ses nationaux d'autre noblesse que celle qu'il confère lui-
même.

A quelque époque qu'on se place, on ne peut pas
considérer la noblesse comme une institution inter-
nationale ; si on se place sous le régime des anoblissements le seul raisonnement à faire est celui-ci : un
Français a rendu des services à son pays, le souverain
en fait un noble, rien de mieux ; mais qu'un Français
rende des services à l'Espagne ou à l'Angleterre,
cela ne regarde plus la France ; que l'Espagne ou
l'Angleterre le récompensent comme elles l'entendent.
Dira-t-on qu'il y a entre les États des liens de cour-
toisie qui font que la France considérera avec faveur
un service rendu à une nation amie ? Alors que la
France considère ce service comme rendu à elle-
même et qu'elle en anoblisse l'auteur ; qu'elle fasse
sien ce titre conféré à l'étranger, voilà une situation régulière et normale, mais se borner à reconnaître un titre conféré à l'étranger, c'est créer une
situation absolument inacceptable.

Cela est même tellement inadmissible qu'on est
tenté de se rejeter sur une autre interprétation, et de
dire : la noblesse conférée par un souverain étranger
n'est pas une noblesse à nos yeux ; le titre qu'il octroie n'est pas un titre ; de même que les anciens titres
de la noblesse française sont devenus de simples
appellations, de même le titre étranger n'est qu'une
appellation. Mais alors nous nous trouvons en pré-

sence d'une sorte d'exception à la loi de germinal an XI qui n'avait certes pas prévu l'intervention d'un souverain étranger pour une addition de nom; et en tout cas il arrivera ce fait étrange que si l'acte de concession du titre étranger stipule un mode de transmission spécial, ce mode de transmission devra s'appliquer à l'étranger mais pas en France, où le titre devra se transmettre régulièrement aux enfants du gratifié. Quel que soit le point de vue qu'on adopte on arrive à des conséquences antijuridiques, et cela inévitablement parce que c'est le point de départ qui est inadmissible, jamais on n'aurait dû reconnaître en France le droit de porter un titre étranger; cela est contraire à notre constitution actuelle, mais même auparavant, même sous l'ancien régime on peut dire que c'était contraire au sens commun.

Cette difficulté a été parfaitement saisie par un auteur considérable en matière nobiliaire, M. de Sémainville qui, pour la surmonter a été obligé d'adopter précisément le système que je signalais plus haut : selon lui, le titre étranger qu'un Français est autorisé à porter subit une véritable *naturalisation;* le gouvernement français fait plus que de le reconnaître, il l'*octroie;* le titre accordé en pays étranger devient simplement l'occasion d'une récompense décernée en France, en sorte qu'il n'y a pas à proprement parler en France, de noblesse étrangère, il n'y qu'une noblesse française. Ce système a le très grand mérite d'être logique; si on l'adopte, évidemment tout contre-sens disparaît. Mais il y a malheureusement des raisons graves de douter que ce système soit admissible. Il a été repoussé formellement dans un arrêt célèbre de la Cour de Paris du 10 juin 1859; M. Hibon de Frohen avait été investi par le gouvernement espagnol du titre de « grand d'Espagne », et le gouvernement français lui avait accordé l'autorisation de porter ce titre. Survint un décret du gouvernement espagnol du 28 décembre 1846 qui soumettait les titres à une nouvelle investiture, laquelle fut refusée au moins provisoirement à M. Hibon de Frohen, attendu que son titre était contesté par le marquis de Brancaccio. Dans ces circonstances, la question se posa devant les tribunaux français de savoir si, en France, M. Hibon de Frohen, qui avait été régulièrement investi du titre de grand d'Espagne et qui était autorisé à le porter, devait perdre ce droit par suite du décret espagnol du 28 décembre 1846, ou si au contraire l'autorisation une fois donnée par le gouvernement français étant irrévocable et nullement sujette aux variations possibles de la législation espagnole, M. Hibon de Frohen devait être tenu pour grand d'Espagne en France bien qu'il ne le fût plus en Espagne. Présentée ainsi et dégagé de certaines complications, il faut convenir que la question n'était guère douteuse, et la Cour de Paris n'hésita pas à se prononcer pour la négative.

Admettre en effet la « naturalisation » du titre par l'effet de l'autorisation donnée par le gouvernement

français, c'eut été admettre que le gouvernement
français avait le pouvoir de concéder des titres autres
que ceux reconnus en France; la solution eût bien évidemment dû être la même s'il s'était agi de tout autre titre, mais dans l'espèce le raisonnement se présentait de lui-même avec une singulière vigueur :
puisqu'il existe à l'étranger des titres qui n'ont jamais
existé en France, il va de soi que le gouvernement
français lorsqu'il autorise un particulier à porter un de
ces titres, ne fait pas un acte équivalent à la collation
de ce titre. Il n'a donc pas conféré de droit, il n'a
fait que reconnaître un état non créé par lui. Cette
solution est remarquablement déduite par un savant
auteur, M. Alfred Levesque, qui combat l'opinion de
M. de Sémainville sur l'arrêt précité.

Mais étant admis que l'autorisation de porter un
titre étranger n'équivaut nullement à la collation de
ce titre par le gouvernement français, il reste établi
que cette autorisation est un acte dont les effets sont
pour ainsi dire indéfinissables et bâtards.

La possibilité de cette autorisation est profondément regrettable; nous voyons très bien ce que la
logique y perd et nous n'apercevons pas ce que l'ordre
public y gagne.

Doit-on admettre au surplus que le gouvernement
français a perdu le droit de donner cette autorisation
à partir du jour où il est devenu républicain? J'incli-
nerais à le penser et j'ai donné plus haut les motifs
qui peuvent faire adopter cette décision : le président

de la République ne pouvant pas anoblir ne doit pas
pouvoir consacrer un anoblissement. Mais pour ceux
qui admettent que l'autorisation du gouvernement
équivaut à une collation, cette solution s'impose avec
bien plus d'évidence encore, étant admis que le président de la République n'a pas le pouvoir de conférer un titre. Il n'est pas inutile de citer à ce propos
le texte du rapport précédant le décret de 1859 : « Si
l'origine étrangère du titre disparaît le plus souvent
dans l'usage, ce n'est plus seulement parce que cette
origine est souvent ignorée, c'est parce qu'elle se
trouve *francisée* par l'autorisation qui constitue une
sorte de *naturalisation* nobiliaire. » Si l'on prend
ces expressions à la lettre, il faut rejeter la doctrine
de la Cour de Paris et adopter celle de M. de Sémainville. Mais alors c'est une raison de plus pour décider
que les décrets de 1819 et de 1859 sont abrogés
depuis 1870 et qu'il ne devrait plus, sous le régime
actuel, être question d'autoriser un Français à porter
un titre étranger.

CHAPITRE III.

TRANSMISSION DES TITRES.

§ Ier.

Comment s'opère la transmission des titres
postérieurs à la Révolution.

Les questions qui se rapportent à la transmission
du nom ont déjà été résolues en principe dans le premier chapitre de cette étude, et nous n'avons maintenant qu'à développer des conséquences qui se trouvent en germe dans cette idée générale que le titre de
noblesse n'est pas distinct du nom. La logique eut
voulu, par suite, que tous les titres fussent transmissibles suivant les mêmes règles et dans les mêmes
conditions que les noms patronymiques. Néanmoins
il y a des exceptions devant lesquelles ce principe
fléchit; ce sont celles qui résultent des lettres d'anoblissement concédées depuis la Révolution.

La plupart de ces lettres portent que le titre devra
se transmettre à la descendance légitime de mâle en
mâle et par ordre de primogéniture. Il faut donc décider, contrairement à tous les principes d'égalité et
de bon sens, quand on se trouve en présence d'un
titre de cette nature, que le fils aîné seul doit le por-

ter, à l'exclusion des autres, il faut en un mot se conformer à l'acte de concession.

Les anoblissements procèdent généralement de deux manières : ou bien on autorise le gratifié à faire précéder immédiatement son nom d'un titre pur et simple, sans particule; ou bien on l'autorise à ajouter à son nom un titre joint par la particule à un nom de terre ou de pays.

Si par exemple le nom de famille du gratifié est X***, il pourra être anobli dans l'une de ces deux formes : « le comte X*** »; ou bien : « X*** comte de Y*** ». Si l'on suppose en même temps que les lettres d'anoblissement réservent le titre à l'aîné à l'exclusion des autres, dans les deux cas les cadets devront porter uniquement leur nom de famille comme si leur père n'avait pas été anobli; ils s'appelleront toujours X***, ils n'auront pas même le droit, dans le second, de s'appeler X*** de Y***, car la qualification « de Y*** » est intimement liée à celle de comte, et ne peut en être séparée dans aucun cas. C'est ce qui résulte implicitement d'un arrêt de la cour de Paris du 8 août 1865 dans l'affaire de Montmorency, arrêt déjà cité ailleurs pour d'autres de ses dispositions.

La Cour décide que dans la concession faite à M. de Talleyrand-Périgord du titre de duc de Montmorency, il n'y avait pas lieu de se conformer à la loi de germinal an XI, parce qu'il s'agissait d'un titre et non pas d'un nom. Sans apprécier cette théorie, on peut en déduire, ce qui est juste, que l'appellation

« duc de Montmorency » est un tout indivisible. Autrement, la Cour aurait décidé que l'empereur avait bien pu conféré l'appellation de duc, sans se conformer à la loi de germinal an XI, mais non celle de « de Montmorency ».

Ajoutons que pendant la vie du gratifié, l'aîné de ses enfants, pas plus que les cadets, n'a le droit de porter aucun titre. Il y a là un changement ou plutôt une addition de nom qui se produit pour lui au moment où son père meurt et pas avant, mais c'est un changement de nom qui n'a rien de commun avec la dévolution des biens, et le fils qui renoncerait à la succession de son père n'en aurait pas moins le droit de porter son titre. Il s'agit toujours en effet d'un nom, c'est-à-dire d'un signe qui constate la filiation ; s'appeler comte de Y***, c'est dire qu'on est le fils du comte de Y***, ce n'est pas dire qu'on est son héritier, et si tous les fils du comte de Y*** n'ont pas droit à ce titre, et cela dès leur naissance, ce n'est que par respect pour un acte de concession dont les termes sont consacrés par l'usage, mais qui n'en viole pas moins tous les principes de la logique.

Telles sont donc les règles qui gouvernent la transmission des titres impériaux et royaux postérieurs à la Révolution. Elles sont d'ailleurs presque universellement méconnues dans les usages du monde. Même lorsque le titre d'anoblissement ne lui en donne aucun droit, le fils d'un comte se fera rarement scrupule de s'appeler vicomte durant la vie de son père ; s'autorisant de la hiérarchie des titres établie par Napoléon Ier, bien des cadets de famille qui n'ont droit à aucun titre ne se font pas faute d'en prendre, imitant d'ailleurs en cela les usages qui s'étaient déjà introduits à la fin de l'ancien régime ; nous avons montré ailleurs que cet abus n'avait alors aucune importance, parce que la noblesse était une réalité et que les cadets de familles nobles, titrés ou non, n'en jouissaient pas moins des priviléges de la noblesse heureusement inconnus aujourd'hui. Il est inutile de revenir sur ces idées ; constatons simplement que l'usage est manifestement contraire à la légalité, et arrivons aux titres antérieurs à la Révolution.

§ II.

Comment s'opère la transmission des titres antérieurs à la Révolution.

Nous avons vu que ces titres ont subi par le fait même de la Révolution une transformation profonde. Devenus de simples noms, ils doivent se transmettre comme des noms ordinaires, à moins de dispositions formelles qui fassent obstacle à cette transmission. Or ces dispositions formelles que nous rencontrons pour les titres postérieurs à la Révolution dans les actes mêmes de concession, nous ne les trouvons nulle part lorsqu'il s'agit de titres antérieurs. Examinons donc rapidement comment la transmission aura lieu.

En ce qui concerne les enfants légitimes, aucun doute ne peut être élevé. Tous les enfants légitimes indistinctement ont droit au titre, alors même que l'acte primitif de concession serait rapporté, ce qui sera rare, et que cet acte restreindrait à l'aîné de la famille le droit de porter le titre. Cette restriction est en effet contraire aux principes d'égalité proclamés par la Révolution et intimement liée à des avantages pécuniaires ou honorifiques qu'elle a fait disparaître. On comprend qu'au temps où il existait une hiérarchie des terres, au temps où il y avait des fiefs, et où il était de la nature de ces fiefs d'être indivisibles, de rester de génération en génération dans les mains du chef de la famille, on comprend qu'à cette époque le titre inséparable du fief fût l'apanage naturel de l'aîné; les règles de la dévolution du titre tenaient au régime successoral, au régime foncier, au régime politique; rien de tout cela ne subsista. La Révolution a fait table rase, et si depuis, sans oser ressusciter ni le régime successoral, ni le régime foncier, ni le régime politique, on a pu, par une singulière inconséquence rétablir ce qui était autrefois le signe extérieur de ces institutions disparues, ce rétablissement n'a influé en rien sur les titres existant déjà au moment de la Révolution.

Les mêmes raisons conduisent à donner la même solution en ce qui concerne les enfants naturels. Les

titres de noblesse d'une origine antérieure à la Révolution peuvent être portés par les enfants naturels
des titulaires tout comme par les légitimes. Cette
proposition a été magistralement soutenue par un
savant auteur, M. Alfred Levesque; il expose que
dans le très ancien droit français il est à peu près
constant que les bâtards de nobles étaient nobles :
ainsi l'idée de supériorité de race était encore plus
forte que le préjugé absurde qui animait l'ancien
monde contre le bâtard! Ce n'est qu'au XVIIe siècle
que la solution contraire prévalut. On lit en effet
dans Tiraqueau le passage suivant : « Bastardi nobi-
« lium nobiles reputentur, sintque immunes a subsi-
« diis popularibus, ut in universum potiantur privile-
« giis nobilium, præterquam quod non succedunt. »
La même pensée est exprimée par Laroque avec
beaucoup d'élévation. « Il semble, dit-il, que puisque
la nature a autant contribué à la génération des bâtards que des légitimes, et que Dieu leur a également
ment départi son souffle divin en formant leur âme,
il était raisonnable de les tenir au même rang. » Ce
qu'on peut seulement remarquer, c'est que Laroque
parait exprimer son opinion personnelle ou se référer
à une théorie qui était admise avant lui et qui ne l'est
plus; cela est d'autant plus frappant, c'est que le
même auteur dit ailleurs que les bâtards de simples
gentilshommes sont roturiers, et que le prince ne peut
(par la légitimation) les faire nobles de race, puisqu'
« ils n'ont point de race ». Cette contradiction est par-

faitement expliquée par M. Alfred Levesque; dans le premier passage, Laroque donne l'opinion admise jusqu'à la fin du XVIe siècle, et dans le second il se réfère au contraire à la jurisprudence de son temps.

C'est qu'en effet le revirement a été imposé par l'article 26 du règlement des tailles de 1600, qui décide que les bâtards de gentilshommes « ne se pourront attribuer le titre et qualité de gentilhomme. » L'ordonnance de 1629 (Code Michaut) reproduit cette disposition qui devint dès lors la règle. Mais il n'en est pas moins vrai que les bâtards de gentilshommes ont été tenus pour nobles avant 1600, et que même depuis, les dispositions de l'ordonnance n'ont pas été acceptées sans résistance. Loyseau les trouvait si rigoureuses qu'à son avis il faillait distinguer entre les seigneurs et les gentilshommes, et n'appliquer l'ordonnance qu'aux gentilshommes seuls, puisqu'elle ne se servait que de ce mot, et non de celui plus général de noble. Cette distinction a du reste été acceptée au moins dans une certaine mesure en ce sens que les bâtards des rois et des princes du sang ont toujours été tenus pour nobles. Si donc la transmission des titres aux enfants naturels était un fait normal avant l'ordonnance de 1600, simple loi de finance, cette transmission a dû redevenir la règle lorsque les motifs purement fiscaux de cette ordonnance ont disparu. Or ces motifs ont évidemment disparu quand la Révolution a détruit le régime financier ancien comme elle avait détruit le régime politique.

Et non seulement cette solution doit s'appliquer sans conteste aux familles nobles dont l'acte de concession n'est pas rapporté ou ne présente aucune restriction mais encore on doit la maintenir alors même que l'acte de concession est représenté et porte que le titre sera seulement transmissible à la postérité légitime; car, ainsi que le dit M. Alfred Levesque : « Cette disposition des lettres patentes a perdu son champ et sa raison d'application. Ce qu'elle refusait au bâtard, ce n'était pas le nom de son père, c'était un signe de seigneurie; or, ce que lui donne aujourd'hui le titre, ce n'est pas une qualité seigneuriale, c'est uniquement le complément du nom paternel. »

C'est encore par application des mêmes idées que nous déciderons que l'adoption confère à l'adopté de plein droit les titres que porte l'adoptant. Cette solution était assez généralement repoussée, non sans discussion cependant, dans l'ancien droit, au moins dans un cas, lorsque l'adoptant était noble et l'adopté roturier. Dans ce cas l'adoption était impuissante à anoblir ; la plupart des auteurs considéraient avec raison que le droit d'anoblir appartenait au souverain seul, et que c'eût été attenter à ses droits que de permettre aux particuliers de faire d'un roturier un noble. On n'oubliait pas que si l'adoption imite la nature, ce n'est en définitive qu'une fiction de la loi, et qu'il s'agit ici d'une question de sang, de race, comme on disait alors, qui répugne à toute fiction. Au contraire lorsqu'une personne déjà noble de race était adoptée par une autre personne noble, il ne s'agissait plus que d'une question de titre et nous savons qu'en des questions de ce genre, l'ancien droit se montrait fort peu rigoureux. Le principal était qu'un roturier ne pût devenir noble sans avoir été régulièrement anobli par le souverain ; mais qu'un noble qui portait le titre de comte de X*** prit par suite d'une adoption celui de marquis de Y***, c'était là un fait sans aucune importance. La question était cependant discutée, même dans ce cas.

Mais les motifs mêmes qui viennent d'être exposés montrent bien que dans notre droit il ne peut y avoir aucun doute : puisqu'il n'y a plus ni nobles ni roturiers, le grand intérêt qu'avait autrefois la question disparaît, et considérant tous les Français comme égaux, nous nous trouvons dans la deuxième hypothèse posée ci-dessus. Il ne s'agit plus de faire passer une personne d'un caste dans une autre, il ne s'agit pas de lui attribuer un privilége quelconque, il s'agit simplement de constater le fait de l'adoption, constatation qui aux termes de l'article 347 du Code civil se fait au moyen d'une certaine appellation. Soit donc qu'on raisonne *a priori*, et qu'on dise : le titre est un nom qui se transmet par l'adoption d'après la loi ; soit qu'on examine en détail les motifs qui étaient allégués quand l'opinion contraire était consacrée, on arrive à la même solution, c'est que l'adoption transfère incontestablement le titre, quelles que puissent être les restrictions contenues dans l'acte de concession (en raisonnant toujours dans l'hypothèse d'un titre antérieur à la Révolution). La question ne peut se poser pour les titres postérieurs par les raisons ci-dessus déduites. Dans ces sortes de titres, si l'acte de concession mentionne expressément que le titre est transmissible à la postérité adoptive (ce qui est la règle pour les titres impériaux) ou si l'acte de concession est muet, le titre sera évidemment transmissible. Si l'acte de concession est contraire, il faudra s'y soumettre.

Traitant de la transmission des titres sous le régime actuel, nous n'avons pas à parler de ce qui était connu autrefois sous le nom de noblesse utérine parce que ce genre de noblesse ne peut se présenter aujourd'hui. On distinguait autrefois deux sortes de noblesse utérine, la noblesse utérine coutumière et la noblesse utérine par charte spéciale. Dans certaines provinces, comme la Lorraine et le Barrois, la noblesse se transmettait aux descendants d'un noble même par les femmes, c'était la noblesse utérine coutumière ; dans la majeure partie de la France au contraire, la noblesse ne se transmettait que de mâle en mâle, mais les lettres d'anoblissement pouvaient contenir des clauses dérogatoires à cette coutume, et lorsque cette clause se trouvait dans des lettres patentes, on disait qu'il y avait là une noblesse utérine par charte spéciale. Il n'est pas besoin de démontrer que cet état de choses anormal ne peut se présenter depuis la Révolution.

§ III.

Comment se prouve la transmission du titre.

Nous avons maintenant à examiner comment la preuve devra être fournie en matière de titres de noblesse, car encore que la noblesse ne soit plus qu'un mot vide de sens, puisque la loi fixe certaines règles à la transmission des titres de noblesse, il faut bien admettre que ces titres ont une place officielle dans notre droit. Aussi n'est-ce pas sans étonnement que nous voyons nombre d'auteurs soutenir que les titres de noblesse ne doivent pas être insérés dans les actes de l'état civil. Si ces titres qui ne répondent à rien, qui ne signifient absolument rien du jour où ils ne sont plus un signe de privilége, si ces titres ne doivent même pas être insérés dans les actes de l'état civil, alors que deviennent-ils? N'est-ce pas leur existence même qui est contestée, car où pourront-ils être insérés? Dans les actes privés, dans les lettres, dans les pièces domestiques? Cela va de soi et on ne comprendrait guère que des constitutions et des actes du pouvoir aient pris la peine d'établir une législation nobiliaire pour qu'on ne puisse jamais trouver une trace officielle de l'observation de ces règles.

Au surplus, la question mérite d'être examinée dans ses détails. Un arrêt de la Cour de Nîmes du 9 août 1860 (D. 1862. II. 17) décide que les titres nobiliaires ne sont, dans l'état de nos lois et de nos mœurs, « que de simples distinctions honorifiques, et ne constituent pas dans l'état civil des citoyens, un de ces éléments caractéristiques qu'énumère l'article 34, C. c., et dont il exige que tous les actes destinés à constater cet état civil contiennent l'indication. »

Ainsi, la prétention de ceux qui n'admettent pas l'insertion des titres de noblesse dans les actes de l'état civil est celle-ci : l'article 35 du Code civil défend aux officiers de l'état civil d'insérer dans les actes autre chose que ce qui doit être déclaré par les comparants ; or, l'article 34 exige que l'on fasse mention du nom des parties ; donc on doit se borner à faire mention du nom patronymique, et rien n'autorise l'officier de l'état civil à insérer des titres de noblesse.

On le voit, cette argumentation repose d'abord sur la prétendue distinction entre le titre de noblesse et le nom patronymique, et ensuite sur l'obligation où est l'officier de l'état civil de n'insérer dans les actes que le strict nécessaire. La Cour de cassation, appelée à se prononcer sur la question a condamné cette doctrine dans un arrêt du 1er juin 1863 (D. 1863. I. 216), mais elle s'est seulement prononcée d'une façon catégorique contre le deuxième argument sans examiner le premier. Selon la Cour de cassation, dont l'opinion est d'ailleurs guidée par l'équité, ce qui importe avant tout aux actes de l'état civil, c'est que l'identité des parties y soit constatée de la façon la plus nette ; or le titre de noblesse lorsqu'il est d'une notoriété incontestable contribue dans une large mesure à établir l'identité ; il serait donc regrettable d'en proscrire l'insertion sous prétexte qu'elle n'a pas été prévue par le Code civil. Ce qui prouve d'ailleurs que cette manière large d'interpréter l'article 35 du Code civil est la bonne, c'est qu'une instruction ministérielle du 3 juin 1807 prescrit aux officiers de l'état civil d'insérer toujours le titre de membre de la Légion d'honneur, énonciation qui serait évidemment prohibée par le Code civil si on l'interprétait judaïquement. Au surplus, le décret du 1ᵉʳ mars 1808 dit formellement : « Que les titres impériaux seuls seront admis sur les *registres de l'état civil.* » Du jour où les titres royaux furent rétablis, il va de soi qu'ils durent jouir, à ce point de vue, du même régime que les titres impériaux ; il est donc incontestable que l'exception du décret de 1808 étant abolie, aujourd'hui tous les titres sont admis sur les registres de l'état civil.

Est-ce à dire que cette disposition soit simplement facultative et non impérative ; qu'en d'autres termes l'officier de l'état civil puisse arbitrairement insérer ou ne pas insérer le titre sous prétexte que l'expression « sont admis » permet l'insertion sans l'ordonner ? Cela ne peut se soutenir ; ce pouvoir arbitraire laissé aux officiers de l'état civil est contraire à toutes les règles de la matière et n'aurait aucune raison d'être. Ce qui vient d'ailleurs à l'appui de l'opinion de la Cour de cassation, c'est que bien des familles nobles ont perdu le souvenir de leur ancien nom patronymique, ce nom s'est effacé, il n'existe plus, et alors on se demande quel nom devra insérer l'officier de l'état civil quand on se présentera devant lui en déclarant se nommer le duc ou le comte de X***. On se tire de difficulté en pratique en supprimant le mot duc ou comte et en inscrivant comme nom patronymique « de X*** ». C'est ainsi que les princes de la famille d'Orléans sont inscrits sous le nom patronymique de d'Orléans. C'est là la pratique, mais c'est une pratique détestable, car les mots « d'Orléans » ont été primitivement précédés du mot « duc » ; le véritable nom était « X*** duc d'Orléans » et ce serait revenir sur des principes déjà surabondamment établis, que de montrer que le titre de noblesse ancien était « duc d'Orléans », ces trois mots formant un tout inséparable ; tant que le nom primitif existait on pouvait se passer du titre pour indiquer l'individu ; mais depuis que ce nom primitif a disparu par l'usage, il n'y a pas d'autre manière d'établir l'identité que d'insérer le titre ; et si on l'insère, il faut l'insérer d'une façon logique et complète, et non pas le mutiler en en supprimant arbitrairement une partie. Admettre l'opinion condamnée par la Cour de cassation, c'est donc, en poussant le raisonnement à l'extrême, décider que dans les actes de l'état civil il sera impossible d'établir l'individualité de certaines personnes, et cela, soi-disant par respect pour une disposition du Code civil qui a précisément pour but de rendre simple et facile la preuve de l'identité !

On peut seulement regretter que la Cour de cassation se soit bornée à invoquer l'esprit de la loi ; elle eut certainement pu aller plus loin et décider que l'insertion des titres de noblesse était une obligation stricte imposée par les termes mêmes du Code civil qui exigent l'insertion du nom.

Elle aurait ainsi tranché plus nettement la question dans son principe, mis un terme à toutes les controverses que fait naître cette distinction, juste autrefois et fausse aujourd'hui, entre le nom et le titre, et éviter des équivoques qui peuvent encore se produire. Car si on ne veut pas proclamer ouvertement que le titre est un nom, le titre n'est plus qu'une mention accessoire qui peut être utile et même indispensable à la constatation de l'identité, mais qui aussi dans certains cas pourra être considérée comme superflue : et alors les tribunaux seront compétents pour juger que l'insertion doit ou ne doit pas être faite, l'arbitraire apparaît de nouveau. En décidant au contraire que les titres de noblesse sont compris dans l'énumération des articles 34 et suivants toute difficulté disparaît.

Dans un remarquable rapport qui précédait l'arrêt de cassation précité, M. le conseiller Guillemard avait été plus affirmatif que ne fût la Cour de cassation : « Le titre, disait-il, s'unit et adhère au nom comme le nom à la personne, il s'y attache, il s'y incorpore, et de même qu'il en est la décoration, de même on peut dire qu'il en forme une dépendance légale. » On voit que ces expressions sont déjà très fortes, il n'y avait qu'un pas à faire pour dire que le titre s'identifie si bien au nom qu'il est lui-même un nom. — L'officier de l'état civil devra donc insérer les titres de noblesse, mais n'oublions pas qu'il n'est pas un juge, il n'a pas à apprécier des actes contestables, il lui faut des faits précis dont il se borne à constater l'existence. Ce serait à notre avis tourner dans un cercle vicieux, que de décider que l'officier de l'état civil devra insérer le titre lorsqu'il résultera de la notoriété publique : ce serait précisément lui attribuer le pouvoir de juger que nous venons de lui retirer. L'officier de l'état civil ne peut que reproduire les déclarations qui lui sont faites, ou lorsque des justifications sont nécessaires, il doit les exiger complètes ; or en matière de titres comme en matière de noms, c'est l'acte de l'état civil qui fait foi avant tout ; la difficulté, dira-t-on, est ainsi reculée, elle n'est pas résolue. Cela est vrai, et pour la résoudre définitivement, il nous faut examiner la question qui va désormais se poser dans les termes suivants : étant donné que dans mon acte de naissance ne figure aucun titre de noblesse, comment puis-je faire reconnaître mon droit à en porter un, de façon que ce droit soit définitivement établi pour moi-même et pour mes descendants ?

C'est là une question de rectification d'acte de l'état civil; je soutiens en définitive que mon acte de naissance a été mal rédigé, qu'on y a omis une des parties de mon nom, et pour cela, ou bien je prouve que l'acte de naissance de mon père portait le titre que je réclame, ou bien j'attaque son acte de naissance comme le mien, et parmi la série des actes de naissance de mes ancêtres je remonte jusqu'à ce que j'en trouve un dans lequel figure le titre que je réclame, et alors j'obtiens la rectification de tous les actes postérieurs et du mien comme des autres. Voilà le principe général; il s'applique sans difficulté si le titre de noblesse se trouve mentionné dans l'acte de naissance du père du réclamant. Mais en général il se présentera une des combinaisons suivantes : 1° le réclamant prouve que plusieurs actes de l'état civil de ses ancêtres ont porté le titre, mais qu'il cesse de figurer dans ces actes à partir de 1790 ou de 1848, en un mot, que l'acte de naissance de son père ou de son grand-père a été rédigé sans titre, par application des lois de 1790 ou de 1848; 2° le réclamant prouve qu'autrefois les titres authentiques relatifs à ses ancêtres portaient le titre qu'il demande, mais que depuis, sans raison appréciable, ce titre a cessé de figurer dans les actes; enfin 3° le réclamant ne rapporte aucun acte, mais il prouve d'une façon quelconque que ses ancêtres étaient en possession du titre.

Premier cas.—Dans ce premier cas, une question

fort grave s'est posée. Pour la simplifier, on peut supposer qu'il s'agit d'une personne née en 1848; l'acte de naissance de son père porte un titre ; donc, conformément au Code civil son acte de naissance devrait porter le même titre. Mais au moment de la rédaction de cet acte, les titres étaient abolis. C'est donc très légalement que l'acte a été rédigé ainsi. Cette personne peut-elle néanmoins en obtenir aujourd'hui la rectification? La Cour de Paris dans un arrêt du 15 avril 1864 a répondu négativement, et on fait observer, pour soutenir cette opinion qu'aux termes du Code civil, les lois n'ont pas d'effet rétroactif à moins que le pouvoir législatif ne leur en ait expressément attribué un; que par conséquent la charte de 1814 et le décret de 1852 qui ont rétabli les titres n'ont pu avoir pour effet d'entacher d'irrégularités des actes qui étaient certainement réguliers au moment de leur confection. Cette argumentation est certainement spécieuse, mais elle ne résiste cependant pas à un examen approfondi, pour qu'une loi ait un effet rétroactif il n'est pas nécessaire d'une disposition sacramentelle : il suffit bien évidemment que la loi ne soit pas compréhensible sans cet effet rétroactif. Or c'est ce qui arrive pour la charte de 1814 et le décret de 1852. Que signifiaient en effet leurs dispositions si un officier de l'état civil pouvait refuser à une personne née sous la Révolution d'insérer son titre dans l'acte de naissance de son enfant né après 1814? Les lois, comme les contrats, doivent s'interpréter dans des conditions telles qu'elles présentent un sens ; or la charte de 1814 n'aurait pas de sens si elle n'avait précisément pour effet d'empêcher l'officier de l'état civil de tenir ce langage. Plusieurs arrêts ont consacré cette opinion qui est aussi professée par M. Chauveau et M. Alfred Levesque.

Deuxième cas. — Le réclamant prouve que ses ancêtres ont officiellement porté le titre ; mais ce titre a disparu de l'acte de naissance de l'un d'eux, et depuis il n'a figuré dans aucun acte. Peut-il en obtenir le rétablissement ? D'abord si l'acte d'anoblissement était rapporté, ou seulement si l'on représentait des actes authentiques rappelant l'acte d'anoblissement, alors aucune possession ne pourrait être opposée au réclamant, car c'est la règle admise même en matière de noms que la possession ne prévaut pas contre le titre. Mais nous supposons simplement qu'on représente des actes authentiques dans lesquels le titre de noblesse est mentionné. Cela suffit-il pour faire admettre la réclamation ? Si la question se posait sous un régime reconnaissant l'existence d'une noblesse, l'affirmative ne ferait pas doute ; le fait de n'avoir pas porté un titre n'empêche pas celui qui est issu d'un sang noble d'être noble ; si donc une personne est noble de race, rien ne peut l'empêcher de porter les insignes de la noblesse. Remarquons bien en effet que la première preuve, la seule vraie preuve à faire dans un pays où la noblesse existe d'une manière effective, serait la preuve de la noblesse. Le réclamant ayant prouvé qu'il est noble, la question de titre serait reléguée au second plan. Au contraire, chez nous la qualité de noble ne signifie rien, n'existe même plus, car un noble non titré n'est pas un noble pour nous; c'est le titre qui est tout, et dès lors s'il s'est écoulé un temps considérable entre le dernier acte mentionnant le titre de noblesse et la réclamation, les tribunaux compétents peuvent parfaitement juger que le nom que porte actuellement le réclamant, sous lequel depuis longtemps lui-même, son père, son aïeul ont été connus, lui est acquis définitivement; nous retrouvons ici la même question qui a été examinée à propos du nom, et il n'y a aucune raison pour donner une solution différente. La seule objection qu'on pourrait faire à cette assimilation est la suivante : en matière de noms, à part quelques exceptions extrêmement rares, c'est l'usage qui a conféré le nom, en sorte que la possession n'est pas une présomption de titre, c'est un véritable titre, et entre une possession récente et une possession ancienne, il n'y a pas de raison pour préférer l'ancienne. Au contraire, la noblesse a été souvent concédée par le roi; la possession doit donc être considérée comme une présomption de titre, et dès lors on doit se conformer à la possession la plus ancienne.

Cette objection porterait s'il était vrai que les

nobles eussent été tous ou presque tous faits nobles par le souverain. Mais quoique le nombre des anoblis soit considérable, la noblesse existait bien avant la constitution du royaume, elle avait été créée par la force, par la conquête, par l'usurpation, par le consentement tacite et unanime, en un mot par des modes qui ne constituent pas des titres juridiques. Voilà pourquoi, lorsqu'on est en présence d'un noble, on ne peut pas dire qu'il est à présumer que sa noblesse provient d'une concession royale ; elle peut provenir d'une toute autre source. On doit plutôt présumer que le titre a été pris à une époque impossible à déterminer, qu'il a pris corps, qu'il s'est accusé peu à peu, comme le nom, sans qu'il soit possible de trouver là les éléments d'un titre juridique. Ce que l'usage, le temps, la violence peut-être avaient fait, le temps, l'usage peuvent le défaire. Les tribunaux devront donc simplement examiner s'il s'est écoulé un temps raisonnablement suffisant pour qu'on puisse considérer comme acquis le nom dépourvu de titre que donnent au réclamant les actes récents de l'état civil.

Troisième cas. — Enfin le réclamant, sans rapporter aucun acte authentique prouve d'une manière quelconque que ses ancêtres ont été en possession du titre qu'il veut prendre. Ici comme dans l'hypothèse précédente, les juges ont pleins pouvoirs d'apprécier la durée nécessaire pour valider le changement de nom. Mais dans le cas où ils croiraient que cette durée n'est pas suffisante et qu'en conséquence il y a lieu d'admettre la réclamation, ils devront de plus examiner si la possession du titre ne s'était pas produite contrairement à la loi ou à l'usage applicable à l'époque de cette possession. Les juges peuvent avoir ainsi à se prononcer sur uné multitude de questions des plus délicates, et pour la solution desquelles il leur sera nécessaire de recourir aux auteurs les plus autorisés de l'ancien droit. Ce n'est pas ici le lieu de discuter ces questions, nous ne pouvons que signaler les principales.

Ce sera en premier lieu la question de savoir si dans l'ancien droit un roturier pouvait devenir noble par l'achat d'un fief de dignité.

On admet communément que l'affirmative avait prévalu jusqu'à l'ordonnance de Blois (1579), malgré les protestations des légistes. Mais à partir de cette ordonnance, la négative s'impose. Il faut d'ailleurs ici encore bien distinguer la question de noblesse de la question de titre; car si l'achat d'un fief par un roturier à partir de 1579 ne peut l'anoblir, il n'en résulte pas que l'achat de ce fief par un noble ne lui donne pas le droit de prendre le titre attaché au fief. L'ordonnance de 1629 en ordonnant aux gentils-hommes de signer de leur nom de famille et non de leur nom de seigneurie ne les empêcha pas non plus de prendre des noms de seigneurie; tout ce qu'on voulait c'est que ces noms de seigneurie ne se substituassent pas au nom de famille dans les actes publics. Quant à l'ordonnance de 1555 qui défend aux gentils-hommes les changements de noms, elle ne fut jamais ni enregistrée ni obéie. C'est ce qui a été jugé par la cour d'Agen (28 décembre 1857, D. 59. II. 89) et par la Cour de Paris (même année). Bien plus, l'usurpation elle-même peut dans certains cas être considérée comme constitutive d'un titre de noblesse ; mais à condition qu'il s'agisse d'un titre de noblesse usurpé par une personne déjà noble ; car le titre de noblesse usurpé par un roturier n'aurait aucun effet. Lorsqu'un gentilhomme, simple seigneur de fief, a pris le titre de comte, marquis, où quelque autre, et que l'usage a consacré cette dénomination chez ses descendants, on doit considérer le titre comme valablement acquis.

C'est encore une question qui peut se présenter que celle de savoir quelle valeur il faut attribuer à la qualification de « seigneur ». A supposer qu'autrefois un indinidu se fut appelé X seigneur de Y et qu'aujourd'hui ses descendants, s'appelant simplement X d'après l'état civil, voulussent faire consacrer leur droit à se nommer X de Y, faudrait-il accueillir leur demande (toujours en supposant qu'il ne s'est pas écoulé un temps suffisamment long depuis la perte du titre de Y). Il a été jugé (Orléans, 14 août 1860, D. 60. 2. 172) qu'une demande semblable ne pouvait être accueillie par ce motif que si les ancêtres des demandeurs ajoutaient à leur nom le titre de sei-gneur de Y, ce n'était pas dans l'intention de modi-

fier leur nom mais simplement d'affirmer leur droit
de propriété sur le fief de Y. Bien que cette solution
soit admise par une jurisprudence à peu près unanime, elle paraît reposer sur une base bien fragile ;
la même jurisprudence admet en effet sans conteste
que si les ancêtres des demandeurs avaient pris purement et simplement le nom de X de Y, leurs descendants auraient certainement droit au même nom ;
c'est donc le mot « seigneur » qui indiquerait l'intention de ne pas joindre le nom de terre au nom
patronymique ; or c'est bien difficile à soutenir ; le
mot seigneur indiquait bien plutôt l'intention de se
faire passer pour gentilhomme et cette intention n'a
rien à faire dans la question.

§ IV.

Devant quelle juridiction la preuve doit être faite.

Nous avons supposé jusqu'ici résolue la question
de savoir devant quelle juridiction la preuve de la
transmission du nom devait être faite ; il s'agit,
avons-nous dit, d'une rectification d'actes de l'état
civil qui rentre dans la compétence des tribunaux
civils ordinaires. C'est en effet à cette solution que
nous arriverons, mais elle a été et est encore si vivement combattue qu'il est indispensable d'aborder de
front ce problème. On a soutenu que les tribunaux
civils sont incompétents pour décider si une personne
a droit ou non à un titre nobiliaire, et cela, a-t-on

dit, parce que le décret du 8 janvier 1859 sur le
Conseil du sceau des titres (remplacé par le Conseil
d'administration du ministère de la justice par décret
du 10 janvier 1872), porte dans son article 6 : « Le
conseil délibère et donne son avis : 1° sur les demandes
en collation, confirmation et reconnaissance de titres
que nous aurons renvoyées à son examen; 2° sur les
demandes en vérification de titres; » et dans son article 7 : « Toute personne peut se pourvoir auprès de
notre garde des sceaux pour provoquer la vérification
de son titre par le Conseil du sceau. » Ces textes prévoient, dit-on, toutes les questions auxquelles des
titres de noblesse peuvent donner lieu et transportent
au Conseil du sceau le droit exclusif d'en connaître.

Il est cependant permis de ne pas trouver ces
articles aussi formels qu'on veut le dire, et il faudrait qu'ils fussent bien formels pour enlever aux
tribunaux ordinaires la connaissance de questions
qui rentrent dans leurs attributions normales.
Il s'agit en effet de rectification d'actes de l'état
civil (d'autres disent d'une question de propriété
et l'argument n'en est pas moins fort), il s'agit d'apprécier si un titre s'est transmis à tel ou tel en
vertu soit des règles ordinaires du nom patronymique, soit des règles spéciales du droit nobiliaire;
il est impossible d'apercevoir là aucun rapport avec
le droit administratif. Le décret de 1859 retirerait
donc tout-à-fait arbitrairement aux tribunaux civils
des attributions qui leur appartiennent d'après le

droit commun ; il serait de ce chef inconstitutionnel, un pareil changement ne pouvant être opéré que par une loi. Mais sans même soulever cette question, on peut dire que puisqu'il s'agit d'une exception au droit commun, cette exception ne peut ni être étendue en dehors des cas spécifiés, ni être présumée si elle n'est pas exprimée de la façon la plus nette. Or que dit ce décret? Le conseil délibère et *donne son avis*... Mais est-ce qu'on emploie cette expression lorsqu'il s'agit d'un tribunal? S'en serait-on servi si on avait voulu dire que le Conseil du sceau était compétent pour statuer sur les questions de droit nobiliaire, pour trancher des procès? On lit ensuite dans le 1º de l'art. 6 : « Sur les demandes en collocation, confirmation et reconnaissance de titres que *nous aurons renvoyées à son examen.* »

Ce n'est pas encore là que nous trouvons l'attribution de compétence qu'on prétend voir dans ce décret, car lorsqu'il s'agit d'une rectification d'acte de l'état civil, à supposer que le tribunal soit incompétent pour trancher la question de droit nobiliaire qui est en jeu, ce n'est pas le chef de l'État qui saisira le Conseil du sceau ; ce seront les intéressés eux-mêmes après que le tribunal les aura renvoyés devant la juridiction compétente. Le 1º vise donc bien manifestement le cas où un particulier s'adresserait directement au chef de l'État et lui demanderait d'examiner son titre et de lui donner pour ainsi dire une nouvelle investiture.

Passons au 2ᵉ paragraphe. Ici, dit-on, le doute

n'est plus possible. Ce Conseil délibère et donne son avis sur les demandes en vérification de titres : ce mot est général et s'applique aux rectifications d'actes de l'état civil, car celui qui demande l'insertion d'un titre dans un acte de l'état civil demande par là même qu'on vérifie s'il y a droit et qu'on statue après cette vérification faite. Le tribunal ordonnera donc la vérification à laquelle il ne pourra être procédé que par le Conseil du sceau, puis il statuera après cette vérification et conformément à l'avis du Conseil. Mais cette explication est manifestement erronée si on rapproche de ce paragraphe 2 les termes de l'art. 7 qui y est intimement lié : « Toute personne peut se pourvoir auprès de notre garde des sceaux pour provoquer les *vérifications* de son titre par le Conseil du sceau. » Voilà, d'après la loi elle-même, le sens du mot vérification, il n'en faut pas chercher d'autre ; le décret prévoit donc deux cas et deux cas seulement : 1° le cas où le Conseil du sceau est consulté par le chef de l'État ; 2° le cas où il sera consulté par un particulier ; or pour avoir la portée qu'on veut lui donner, ce décret devrait prévoir un 3°, c'est le cas où le Conseil du sceau serait saisi sur le renvoi fait par un tribunal. Ce cas n'étant pas prévu, il est de toute évidence que le décret de 1859 s'est borné à créer une compétence administrative à côté et non à la place de la compétence judiciaire en matière de titres de noblesse. Deux voies sont ouvertes à celui qui veut faire consacrer son droit d'une manière définitive et stable : la voie judiciaire s'il a en mains des preuves irrécusables, mais dans bien des cas elle peut être dangereuse ; la moindre lacune dans la généalogie, le moindre doute sur la validité du titre qu'il revendique, enfin l'appréciation souveraine du temps suffisant pour que ce titre soit considéré comme perdu sont autant de faits de nature à entraîner le rejet de sa demande ; alors il s'adressera au chef de l'État et lui demandera de faire reconnaître ou vérifier son titre ; cette reconnaissance une fois faite, le tribunal sera obligé de s'incliner.

Au surplus, le décret de 1859 prend soin de se référer à l'ordonnance du 15 juillet 1814 sur les attributions de la Commission du sceau et les termes de cette ordonnance ne permettent guère de croire qu'elle ait voulu attribuer à la Commission du sceau une compétence judiciaire. La Cour de cassation fait sur cette question une distinction qu'il semble difficile de justifier (Cass. 17 juin 1863, S. 63. 1. 281) ; l'autorité judiciaire serait compétente seulement dans le cas où un acte de collation est représenté. Quelques Cours d'appel étendent cette compétence à tous les cas où il n'y a pas à trancher des questions de dévolution d'après les anciennes règles spéciales du droit nobiliaire. Enfin un arrêt de la Cour de Colmar du 15 mai 1860 (D. 1860. II. 142) admet l'opinion que nous avons développée.

CHAPITRE IV.

DES USURPATIONS DE TITRES.

Si tous les gouvernements que la France s'est donnés ou a subis depuis la Révolution avaient conformé leur conduite aux principes de cette Révolution, que tous cependant avaient grand soin de proclamer, l'étude des titres de noblesse serait ici terminée. Mais puisque, contrairement à toutes les idées égalitaires qui dominent dans la société moderne, des constitutions ou des chartes ont donné au chef du pouvoir le droit de créer une noblesse héréditaire, on ne saurait leur reprocher d'avoir en même temps veillé par des dispositions pénales à ce que cette noblesse ne fut pas un vain mot; de là les dispositions prises contre les usurpateurs de titres qui feront l'objet de quelques courtes explications.

Jusqu'en 1808, nous avons vu que les titres ayant été supprimés, aucune usurpation n'était possible ; mais de 1808 à 1810, l'usurpation devint possible et elle était alors punie des peines portées par la loi de fructidor an II, qui, s'appliquant aux noms, devait également s'appliquer aux titres de noblesse. Napoléon Ier, toujours conséquent d'ailleurs avec lui-même, fit insérer dans le Code pénal une disposition particulière assimilant dans l'art. 259 l'usurpation des titres impériaux au port illicite de décorations. Depuis lors, soit qu'on admette, soit qu'on conteste, que la loi de fructidor était restée en vigueur, les titres de noblesse eurent cette protection spéciale de l'art. 259 alors que l'usurpation des noms roturiers tombait seulement, selon les unes sous l'application de la loi de fructidor an II, ou restait, selon les autres absolument impunie.

Tel était l'état du droit, lorsqu'en 1831, lors de la réforme du Code pénal, on fit disparaître de l'art. 259 la disposition visant les usurpations de titres, en sorte qu'il devint loisible à tout le monde de porter un titre de noblesse. Sans doute au point de vue civil on pouvait s'opposer à l'insertion de ce titre dans les actes publics, mais au point de vue pénal cette insertion n'avait désormais rien de répréhensible. Cette réforme fut vivement critiquée, et la logique en effet ne pouvait s'en accomoder. Remarquons que nous sommes en 1831, c'est-à-dire sous un régime qui accorde au roi le pouvoir de créer des nobles ; comment dès lors admettre que cette noblesse créée constitutionnellement restera sans défense contre les usurpateurs ? Comme le disait fort bien le rapporteur de la loi : « Le droit du roi d'accorder des titres serait illusoire s'il n'y avait pas une loi contre celui qui les usurpe. » Rendons cependant justice à l'esprit qui avait inspiré cette disposition ; on comprenait qu'il était exorbitant d'accorder une protection particulière à des citoyens qui pouvaient en définitive n'avoir rien fait pour la mériter. Cette protection se comprend au profit de ceux qui ont été anoblis, elle ne se comprend plus au profit de leurs enfants. Voilà l'idée vraie, l'idée égalitaire et libérale qui animait le législateur de 1831. Seulement il aurait fallu aller plus loin et décider que le droit d'anoblissement était supprimé. Alors le progrès eut été complet et la législation logique : plus de protection, mais plus de droits à protéger. En s'arrêtant à mi-chemin, on a prêté le flanc à la critique, on a supprimé la protection, mais on a conservé des droits dignes d'être protégés, puisqu'on les conservait.

Survint le second empire qui ne pouvait évidemment se contenter du pouvoir amoindri que la nation avait mesuré au roi Louis-Philippe. Aussi une loi de 1858, vint-elle, en consacrant le droit d'anoblissement de l'empereur, rendre aux anoblis la protection que la loi de 1831 leur retirait. Cette législation est encore la nôtre, en sorte que par un curieux renversement de la logique, tandis que sous Louis-Philippe le roi pouvait faire des nobles, mais ne pouvait les protéger, sous le régime actuel, personne ne fait plus de nobles, mais la loi les protège!

Examinons donc cette législation qui est encore la nôtre, et que nous critiquons d'ailleurs plus par égard pour la logique qu'en raison des intérêts engagés, car elle est d'une application rare et la justice sait fermer les yeux. Le but de la loi de 1858 est nettement indiqué dans le rapport: « La majorité n'a pas tardé à reconnaître que la vanité était en dehors de l'escroquerie l'élément nécessaire de tout changement de nom répréhensible. » Ainsi, ce que poursuit la loi de 1858, c'est la vanité, c'est l'attribution illégale de toute distinction honorifique, quelle que soit cette distinction. Or dans les idées du vulgaire, dont il faut nécessairement tenir grand compte en matière de « vanité », la particule dite nobiliaire a presque autant d'importance que le titre. Il en résulte que le nouvel article 259 du Code pénal devra s'appliquer à quiconque usurpe une particule aussi bien qu'à toute personne qui usurpe un titre.

Mais pour savoir ce qu'il faut entendre par le mot usurper, il faut encore consulter le rapport de la commission dont la rédaction très nette éclaire bien la loi. « Le projet, y est-il dit, punit quiconque en vue d'une distinction honorifique charge, altère ou modifie le nom que lui assignent les actes de l'état civil. Qu'avons-nous entendu par cette expression générale et collective, et pourquoi n'avons-nous pas seulement indiqué l'acte de naissance comme la règle et le criterium du nom ? C'est que dans des cas exceptionnels, l'acte de naissance peut être inexact, incomplet ou falsifié, et que le droit et la vérité doivent alors se puiser dans l'ensemble des actes qui constituent la situation de la famille. »

Ainsi, ne tombe pas nécessairement sous le coup de l'article 259 toute personne qui prend un titre ou une distinction honorifique qui ne se trouve pas dans

son acte de naissance ; cette personne aura la faculté
de prouver que la distinction par elle prise devrait
y figurer, et c'est seulement après que cette exception
aura été rejetée, qu'elle pourra être frappée des
peines de l'art. 259. Dans les cas où l'exception
est proposée, le tribunal correctionnel, doit, selon
la doctrine adoptée par la Cour de cassation, accorder un sursis pour que l'intéressé justifie de son
droit, mais cela dans le cas seulement où il prétend
avoir un droit ; s'il se bornait à alléguer sa bonne
foi, sans soutenir que son acte de naissance est réellement mal rédigé, le tribunal correctionnel devrait
statuer immédiatement et apprécier discrétionnaire-
ment jusqu'à quel point cette bonne foi peut être admise pour diminuer la peine, ou même la supprimer.

On a très vivement critiqué, à tort selon nous,
la loi de 1858 de permettre aux magistrats de sonder
les mobiles les plus secrets de l'âme humaine et
même de les y obliger. « Il faudra, dit M. Levesque,
descendre dans l'âme de l'usurpateur, scruter les
mobiles secrets qui l'ont poussé, décider si la fraude
ne peut s'expliquer que par la vanité, ou si elle procède d'une autre passion et d'un autre intérêt. Recherche assurément de nature bien délicate, et qui
est plutôt du ressort du moraliste que de celui du
magistrat. » Mais n'est-ce pas le droit et en même
temps le premier devoir du magistrat d'être précisément un moraliste ? Est-ce que notre Code pénal

est un tarif que les juges sont chargés d'appliquer
sans rechercher les causes, les circonstances aggra-
vantes ou atténuantes du fait incriminé? Mais il n'y
a pas un crime, il n'y a pas un délit qui n'appelle
un examen scrupuleux de la conscience de l'inculpé,
et je me demande comment un juge oserait appliquer une peine s'il n'a pas pénétré tous les motifs
du crime ou du délit. La loi de 1858 ne lui impose
pas une tâche étrangère à sa mission; l'appréciation
qu'elle entraîne est certainement très délicate, plus
délicate si l'on veut que dans bien d'autres cas (quoiqu'en matière d'escroquerie par exemple les *manœuvres frauduleuses*, le crédit *imaginaire*, les
espérances *chimériques* exigent pour être bien dé-
finies une analyse morale des plus difficiles), mais
cette appréciation est bien dans les pouvoirs et dans
les devoirs du magistrat.

Parmi les cas où sa sagacité sera le plus éprouvée
on peut citer celui d'une personne déjà titrée et qui
prendrait un autre titre que celui auquel elle a droit.
Commet-elle le délit prévu par la loi de 1858? Les
uns disent oui avec le texte de la loi, les autres non,
avec son esprit; la vérité est qu'on ne peut pas donner de réponse *à priori*. A l'époque où la noblesse
existait effectivement, il n'y aurait eu là aucun délit;
aujourd'hui il n'existe plus que des titres et un individu titré peut avoir un intérêt de vanité très appréciable à changer un titre obscur contre un titre plus
en vue : la loi sera certainement applicable dans ce cas.

Nous citions plus haut l'escroquerie comme un délit à propos duquel les magistrats auront à faire les examens moraux les plus délicats : ce rapprochechement était indiqué par la nature même des choses. En définitive, le délit de la loi de 1858 n'est, à un degré bien moindre, il est vrai, qu'un genre d'escroquerie : l'escroc prend un faux nom pour se faire attribuer des sommes d'argent, l'usurpateur pour se faire attribuer des honneurs; le but diffère, mais le moyen est le même. On ne devra donc considérer, pour l'application de la loi de 1858, que trois faits : la modification du nom véritable de l'inculpé, la publicité donnée à cette modification, l'intention de se faire attribuer des honneurs qui ne seraient pas rendus à son véritable nom. Partout où ces trois éléments se trouveront réunis, il y aura délit; c'est ainsi, pensons-nous, que la loi de 1858 pourrait être appliquée même dans le cas où le nom usurpé ne serait ni titré, ni précédé ou suivi de la particule et d'un nom de terre : il suffit que ce soit un nom illustre, et qu'il ait été pris publiquement dans l'intention de bénéficier de l'illustration qui s'y attache.

A l'inverse, il nous paraît indispensable pour qu'il y ait délit que le prévenu ait changé, modifié ou altéré le nom que lui assignent les actes de l'état civil. Et de là résulte qu'on peut sans être aucunement répréhensible s'attribuer des armoiries *ad libitum*.

Les armoiries ne sont pas des noms, et ne trouvent pas place dans les actes de l'état civil; celui qui les usurpe n'est donc pas dans les termes de la loi, il en est de même des timbres, c'est-à-dire des couronnes qui surmontent généralement les armoiries; bien que par la prise d'un timbre on indique très clairement et très publiquement la prétention à une « distinction honorifique », prétention qui mériterait aussi bien d'être punie que la prise du titre, cependant la loi pénale étant de droit étroit on ne peut l'appliquer dans ce cas. Il va sans dire qu'au point de vue purement civil la personne qui, sans droit, prend les armoiries qu'une autre a l'habitude de porter, pourra s'exposer à des dommages-intérêts, mais cela dans des cas très rares, lorsqu'il pourra y avoir sur la personnalité même de l'individu dont les armoiries ont été copiées, une méprise préjudiciable; tel serait, par exemple, le cas où une personne ferait peindre mes armoiries sur sa voiture qu'elle enverrait stationner dans de mauvais lieux. Ces hypothèses ne sont évidemment pas fréquentes. Mais nous repoussons formellement en matière d'armoiries comme en matière de nom l'opinion de la jurisprudence qui considère les armoiries comme une propriété de famille : c'est une conséquence logique de la théorie soutenue dans toute cette étude.

La conclusion que je tirerai des quelques idées

que j'ai essayé d'exposer au cours de ce travail est celle-ci : notre législation en matière de noms est insuffisante, en matière de titres de noblesse, elle est excessive.

Si l'on veut faire du nom famille une propriété d'un genre spécial, qu'on le dise ; et alors qu'on règlemente cette propriété, qu'on la limite surtout, car ses abus seraient énormes. Si on ne le veut pas, comme cela semble plus conforme aux principes généraux du droit, qu'on le dise encore, car la jurisprudence court risque de s'égarer complètement ; surtout, qu'on développe toutes les conséquences de cette idée au point de vue de l'acquisition, de la transmission, du changement et de l'usurpation du nom ; que des textes précis viennent rappeler à l'interprète les principes jusqu'ici trop flottants. C'est donc une œuvre à faire.

En matière nobiliaire, à l'inverse, n'y a-t-il pas une œuvre à défaire ? Un honorable député, M. Beauquier a déposé à la Chambre en février 1882 un projet de loi tendant à supprimer les titres de noblesse et à abroger la partie de l'article 259 qui vise les usurpations de titres. Cette solution est radicale, elle est logique ; mais il est permis de se demander si elle est utile. Qu'y a-t-il donc de choquant dans un titre de noblesse ? Est-ce le souvenir qu'il rappelle ? Nous n'y pouvons rien. Est-ce le mot en lui-même ? Non plus car il se trouve dans une multitude de noms, comme Lecomte, Marquis, etc., qui ne nous choquent

aucunement. Ce ne sont donc pas les désignations
en elles-mêmes qui peuvent être bien vivement cri-
tiquées, ce sont les prétentions parfois puériles de
ceux qui les portent; mais des vanités cruellement
froissées vaudront-elles mieux que des vanités
triomphantes?

C'est là une question qu'il ne m'appartient pas de
résoudre; la solution proposée par M. Beauquier
méritait tous les suffrages à l'époque où nos assemblées révolutionnaires la consacrèrent; on avait
alors un droit que bien peu de gouvernements ont
retrouvé depuis, le droit d'être logique. Quand pour
l'élaboration du nouvel ordre de choses on sacrifiait
tant d'intérêts puissants, qui donc aurait pu s'éton-
ner ou se plaindre de voir la noblesse avec tous ses
insignes sombrer dans le naufrage universel de l'ancien régime? Aujourd'hui, tout est changé; la tolé-
rance a conquis bien des droits, on peut donc contester qu'en présence d'une situation différente, il
faille prendre des mesures identiques.

Mais ce qu'on ne peut contester, c'est que si au
point de vue juridique le titre de noblesse est devenu
un nom, il y a une utilité à affirmer législativement
ce principe, et à supprimer toutes les dispositions
exceptionnelles qui ont apporté à ses conséquences
de regrettables dérogations, comme par exemple
les règles spéciales de transmission des titres impériaux et royaux posées dans les actes d'anoblissement depuis 1808. C'est là l'œuvre à défaire; aussi

quelque opinion qu'on adopte sur l'art. 1 du projet de M. Beauquier, prononçant l'abolition des titres, il est hors de doute que l'adoption de l'art. 2 qui abroge la loi de 1858 s'impose à tous les esprits libéraux.

POSITIONS

DROIT ROMAIN.

I. — L'adoption du conjoint d'un enfant non émancipé entraîne la dissolution du mariage.

II. — L'adrogé impubère a droit, en cas d'exhérédation, à la quarte Antonine, alors même qu'il y aurait de justes motifs à l'exhérédation.

III. — L'adoption des esclaves en droit romain était impuissante à procurer les effets ordinaires de l'adoption.

IV. — La fidéjussion contractée *in duriorem causam* était nulle et non pas réductible.

V. — La *fidejussio indemnitatis* était une obligation conditionnelle qui permettait au fidéjusseur d'opposer le bénéfice de discussion.

VI. — Le concubinat n'était en droit romain qu'une union de fait impuissante à créer des effets civils.

CODE CIVIL.

I. — Les titres de noblesse peuvent et doivent être insérés dans les actes de l'état civil.

II. — Les titres de noblesse d'une origine antérieure à la Révolution sont transmissibles aux enfants naturels reconnus.

III. — On peut exiger la rectification des actes de l'état civil, rédigés de 1790 à 1814 et de 1848 à 1852, à l'effet d'y faire rétablir des titres de noblesse supprimés pendant ces deux périodes et rétablis depuis.

IV. — Les tribunaux civils sont compétents pour trancher toute question de droit nobiliaire à l'occasion d'une demande en rectification d'acte de l'état civil.

V. — Le ministère public peut agir d'office en matière de rectification d'acte de l'état civil.

VI. — Il ne peut pas y avoir d'action en revendication en matière de noms.

VII. — La disposition de l'art. 337, C. c., doit être restreinte au cas de reconnaissance volontaire.

VIII. — Lorsque par suite d'un partage d'ascendant testamentaire un héritier se trouve avoir moins que sa réserve, bien que cette lésion résulte du partage lui-même et non pas d'un legs, l'action donnée à cet héritier est une action en réduction et non une action en rescision.

DROIT CRIMINEL.

I. — Les peines portées par la loi du 6 fructidor an II, contre les usurpations de noms ne sont plus applicables aujourd'hui.

II. — La tentative d'avortement, lorsqu'elle émane de toute autre personne que de la femme sur qui elle est pratiquée tombe sous le coup de l'art. 317, C. pénal.

DROIT INTERNATIONAL.

I. — L'accusé dont l'extradition a été obtenue n'est jamais recevable à invoquer les irrégularités dont son extradition peut être entachée.

II. — C'est la loi de l'État requérant qui détermine la durée de la prescription pénale après laquelle l'extradition ne pourra plus être accordée.

DROIT COUTUMIER.

I. — D'après la Coutume de Paris, la légitime était une part de l'hérédité.

II. — La maxime : en fait de meubles possession vaut titre, n'a pas son origine dans le droit germanique, mais dans la jurisprudence du XVIIIe siècle.

DROIT CONSTITUTIONNEL.

I. — Le droit d'anoblissement n'existe plus en France, mais le président de la République peut, en se conformant à la loi du 11 germinal an XI, autoriser un citoyen, sur sa demande, à porter un nom dans lequel figurent des mots qui indiquaient autrefois la noblesse.

Vu par le Président de la thèse:
Albert DESJARDINS.

Vu par le Doyen :
CH. BEUDANT.

VU ET PERMIS D'IMPRIMER :
Le vice-recteur de l'Académie de Paris,
GRÉARD.

Paris, imp. F. Pichon. — A. Cotillon & Cⁱᵉ, 30, rue de l'Arbalète, & 24, rue Soufflot.